培养孩子的自驱力

Helping Your Child Increase Self-motivation

李小妃——著

人民东方出版传媒
People's Oriental Publishing & Media
東方出版社
The Oriental Press

图书在版编目（CIP）数据

培养孩子的自驱力 / 李小妃著.—北京: 东方出版社, 2023.5
ISBN 978-7-5207-3337-3

Ⅰ. ①培… Ⅱ. ①李… Ⅲ. ①学习方法—家庭教育 Ⅳ. ①G791②G78

中国国家版本馆CIP数据核字(2023)第032125号

培养孩子的自驱力
（PEIYANG HAIZI DE ZIQULI）

李小妃　著

策　　划：鲁艳芳
责任编辑：黄彩霞
出　　版：東方出版社
发　　行：人民东方出版传媒有限公司
地　　址：北京市东城区朝阳门内大街166号
邮政编码：100010
印　　刷：香河县闻泰印刷包装有限公司
版　　次：2023年5月第1版
印　　次：2023年5月北京第1次印刷
开　　本：880毫米 ×1230 毫米　1 /32
印　　张：7.25
字　　数：150千字
书　　号：ISBN 978-7-5207-3337-3
定　　价：49.80元
发行电话：（010）85924663　85924644　85924641

前言

激发自驱力，让孩子自主成长

我一直都在思考什么样的家庭教育才是最好的，作为家长，我们能为孩子付出到什么程度？

从孩子出生那一刻开始，作为父母，我们每时每刻都在学习如何与他们友好相处，如何给他们最好的教育。不得不说，这个过程很艰辛，会面对很多失败和不愉快，大部分父母往往也会陷入反思：我究竟是不是一个合格的妈妈或爸爸？究竟怎样做才行？

我在参与了女儿的成长之后，才找到了上面问题的答案：**对孩子而言，最好的成长是自我成长，最好的能力是自控能力。作为家长，我们更重要的是引导孩子学会独立思考、独立决策，以及唤醒孩子内在的驱动力，让孩子自己对自己负责**。

古语有云，“棒打出孝子，娇养忤逆儿”。其实不然，教育有其固有的规律，父母在教育孩子的过程中，只靠强硬手段去逼迫他们听话，教育效果必然不行，孩子长大后也很难获得独立自主的社会生存能力。

只有激发孩子内心渴望，使孩子强烈想去实现自己的内心想法，想让自己变得越来越好，并持续加强正面行为在孩子大脑中的反馈，才会让他们有源源不断的驱动力去挑战一切新事物。

有些孩子的自驱力是通过其天性和兴趣激发出来的，而有些孩子则严重缺乏自驱力，这样的孩子，父母逼一步，他们才走一步，一旦脱离父母管教时，他们的行动力就犹如散沙，在独自面对困难和挑战时，他们往往也止步不前。

正因为自驱力如此重要，所以我们必须唤醒孩子的自驱力，我们要给予孩子无条件的爱，让他们在充满爱的环境中成长，增强他们的归属感和安全感。同时，也要学会和孩子一起成长，把握他们的生活和学习节奏，给他们恰如其分的引导和鼓励，通过增强孩子的自信力、自律力、学习力和社交力等方式逐渐唤醒他们的自驱力。

由于每个孩子的学习和接受能力不同，因此不同孩子的自驱力被唤醒的时间也不一样。我相信，只要家长有足够的耐心，学会用正确的方法去引导、去帮助孩子找到心底的那股能量，每一个孩子的自驱力都将被唤醒，他们也将创造出属于自己的一方天地。

德国哲学家雅斯贝尔斯在《什么是教育》中曾说，“好的教育就是一棵树摇动另一棵树，一片云推动另一片云，一个灵魂唤醒另一个灵魂”。在一定意义上，我们和孩子是一样的，他们是生命之初最美好的模样，有未知的世界去探索；而我们是第一次做父母，要参与一个新生命的成长。这个过程很复杂，很劳累，需要我们付出智慧和耐心；同时，我们在教会孩子自主探索和学习的时候，孩子同样可以教会我们很多东西，让我们收获满满。

最后，把这本书送给天下所有的父母，希望这本书可以帮到有需要的人，也希望所有的孩子都能快乐、自由地成长。

目录

第 1 章 | 把握培养孩子自驱力的关键期

第 2 章 | 让孩子相信自己拥有变好的力量

第 3 章 | 让孩子敢于探索并学会设定目标

第 4 章 | 通过阅读来激发孩子的自驱力

第 5 章 | 如何培养学习的自驱力

第 6 章 | 引导孩子完成自由向自律的转化

第1章

把握培养孩子自驱力的关键期

1

把握小学阶段孩子自驱力的特点

什么是自驱力？

自驱力是一种为了满足内心的需求，在没有其他外力的刺激而从内心迸发的推动力，它是一股无穷的力量。

我们要想在孩子的小学阶段唤醒其自驱力，首先就要了解这一阶段孩子的心理特征，然后有针对性地进行引导。

首先，可塑性是这一阶段的孩子具有的最显著的特点。

在心理学范畴内，7 ～ 12 岁的孩子正处于对外界一切事物的认知需求和认知能力不断提升的时期，这个时期的孩子具有很强的可塑性，他们对周围的一切都有探索和求知的欲望，相应地，也会有各种疑惑和问题产生，可以说，小学阶段是孩子正向成长的阶段。但是，这个时期的孩子毕竟认知水平还不够，在求知的过程中会遇到各种瓶颈，这样就会慢慢形成心理阻力，产生挫败感，导致后劲儿不足，因此需要家长和老师的悉心教育和引导。

此时的孩子，他们的未来就像一张白纸，家长憧憬着他们可以用自己的人生画笔在纸上描绘出美好的蓝图。但此时的孩子也最容易受到周围的人和环境的影响，这个时候孩子如果得到家长恰到好处的引导，那么他们就会将未来之图画得很精彩；但如果孩子受了周围环境影响而得到错误引导，那么孩子这幅人生之画将会黯然失色，甚至走上错误的道路。

其次，这个阶段的孩子进取心强，但自制力欠缺，两者存在一定的矛盾。

小学阶段的孩子，尤其是处于幼小衔接的一年级的孩子，他们的自制力欠缺，仍需要时间去提高；他们的节奏相对比较慢，需要家长和老师更有耐心，根据他们的成长规律，主动掌握并且处理他们的问题。当然，在培养孩子自制力的过程中除了尊重孩子的自主性，还需要家长和老师适当约束。要把握好自由与管教之间的度，既要让孩子自由成长，也要给孩子恰当的约束力，这样孩子才会慢慢形成一种自我约束的意识，尊重家庭的处事原则，懂得遵守学校的规则。

下面我举一个例子，来帮助各位家长更好地理解。

小博在刚上小学一年级时经常做出一些让老师和家长都很头疼的事，上课时往窗外看，离开座位四处乱走，记不全或者记不住老师留下的作业，起先他还没有察觉到自己违反了班里的规矩，完全自由放任了。此时他的自制力比较差，在老师多次耐心强调上课应该遵守规矩后，他渐渐知道自己之前做错了。他也很想改正，但还是免不了上课经常走神儿，注意力不集中，老师还没讲完一道数学题，他的注意力又被窗外飞过的小鸟吸引了。

小博的这些行为就是典型的自制力不足，社会规则还没有在他的思维体系中正常运行。这个时候家长往往会很着急，恨不得孩子立刻改掉自制力不足的毛病。但我们还是要耐下心来，给孩子一些时间去接受和改变，不能操之过急。让孩子学习规矩、变得自律也是一个循序渐进的过程。

最后，这个阶段的孩子好奇心重，持续力不强，情绪力、学习力、意志力都在逐渐完善。

这个阶段孩子的心理是不断变化的，心智也从稚嫩慢慢变得成熟，有了自己处理问题的思维模式和行为习惯，所以家长更要根据孩子自身的特点来进行引导了。

了解了这一阶段孩子的心理特点后，我们再来分析一下孩子自驱力的特点。

美国著名认知教育心理学家戴维·保罗·奥苏贝尔非常关注学生的成就动机，他认为成就动机主要由三方面的内驱力组成：认知内驱力、自我提高内驱力和附属内驱力。

认知内驱力，它是一种内部动机，是一种源于学习者自身需要的驱动力。当然，它不是与生俱来的，是需要不断在实践中获取成功后才会显现出来，它是一种良性循环。这种驱动力需要靠兴趣来激发和唤醒。典型的例子就是利用学生的好奇心，或者有趣的问题来激发他们的认知冲突，使他们产生认知欲望和需求。这种类型的驱动力在小学生身上表现得最明显。

因此，孩子在小学阶段的自驱力是以兴趣和爱好作为依托的。

自我提高内驱力是一种通过自身的努力来取得一定的成就，

从而赢得某种社会地位与自尊心的内驱力。有些孩子的认知水平达到了一定的程度，他们就会自发地去努力，去实现自我价值。当他们取得一些荣誉，如成为学习委员、学生干部、三好学生，考试考第一等，便能进一步激发他们自我提高的内驱力，他们便会继续通过努力，不断地提升自己。

附属内驱力则是为了得到身边人的认可和赞许而表现出来的能动力，孩子往往会通过热爱学习、积极表现来获得家长或老师的认可和赞许。这种驱动力多表现在婴幼儿和小学生身上，是属于外部驱动力。

一般来说，家长和老师愿意用奖励来鼓励孩子实现某种目标，一旦目标实现，孩子的动力会变足；目标未实现，孩子则动力不足。因此，由奖励引发的驱动力往往会后续力不强，持续的时间较短。

孩子自驱力的唤醒需要一定的时间，是一个持续的过程，需要不断地努力巩固才行，因此小学阶段孩子自驱力的第二个特点是不确定性和持续性不强。

我们都知道，儿童自驱力需要逐步完善，小学阶段是儿童自驱力发展的重要阶段，可以说，孩子的自驱力在 7 ～ 13 岁便可基本形成，过了这个黄金时期，再想要改变就很难了。

这一时期的孩子求知欲和好奇心比较强烈，想象力丰富，可塑性比较强，因此需要家长和老师更有耐心，不要阻碍孩子的探索欲望，要引导好激发好他们的兴趣和热情。

我们相信，每一个孩子都是一块有待雕琢的璞玉，他们的未来充满各种可能性。小学阶段孩子的自驱力需要细心培养才能逐步形成，这个过程或许很慢，也会很难，但我们只要坚持去做，我坚信，孩子们终有破茧成蝶的一天！

2

真正认识到亲子关系的价值

根据我的经验，孩子在小学阶段，往往会出现以下情况：情绪波动大，难以控制自己的坏情绪，脾气暴躁；爱在家里玩游戏，社交少，不爱说话；很少与父母沟通或拒绝任何交流，与父母的矛盾和冲突很大……

为什么孩子上小学后，问题会越来越多，和家长的冲突会越来越大呢？

其实从心理学角度来看，7～12岁的孩子正处于“正在凝固的水泥”阶段，在这个时期的孩子，他们的人格和性格在逐渐形成，认知和习惯也在慢慢强化。

在这个特殊的时期，父母的认知和意识会影响和决定孩子的认知和意识，而孩子在这一阶段形成的思维习惯和意识水平则会影响其青春期以及成年后的意识水平。如果孩子在良性互动的亲子关系下成长，亲子沟通和交流较多，那么孩子在与外界接触时也会敢于主动交新朋友，不会胆小和害羞；孩子也会更勇敢主动地探索未知，因为无论走多远、做什么，他们都知道父母会给予支持和鼓励。良好的亲子关系会给他们带来一股无形的力量，这股力量会支撑他们走向未来。

研究表明，在亲子关系越好的家庭里，孩子出现情绪或社交问题的情况就越少。因此，想要解决和改善孩子出现的问题，首先要做的是改善亲子关系，增加亲子交流，重建良好的亲子氛围。

当然，改善和重建良好的亲子关系是一个循序渐进的过程，切不可操之过急。下面我们就来看一看我的同事王曦是如何经营良好的亲子关系的。

王曦很注重和孩子的沟通和交流，每周都会组织一次家庭会议，所有成员都可以畅所欲言，可以反省自己做错的事，也可以给其他家庭成员提意见。儿子很喜欢这个家庭活动，每次到他发言时都会积极准备，会写一个发言稿。在学校，儿子也会主动和同学们交流，分享学习经验，一起做游戏，在课堂上也会积极和老师进行互动。

有一次，王曦被老师叫到学校，说是儿子在上体育课时跟别的班级的同学产生了矛盾，还发生了肢体冲突，那位同学的脸还受伤了。他来到学校了解完情况后，对儿子说："这件事不用叫家长啊，爸爸认为你就可以把它解决掉，对吗？"

儿子在爸爸的眼中看到了鼓励和信任，他点了点头说："是的，爸爸，我可以自己解决。"他先是跟老师说明了情况，要自己解决这件事。在得到老师的同意后，他和那位同学进行了交流，他先跟同学道歉，反省了自己的错误，并且指出了对方做得不对的地方，他说："我们都是五年级的大孩子了，自己的事情要自己解决，不要动不动就叫家长和老师，这件事我们两个都有错，咱们互相道个歉，以后还在一起玩，好不好？”那位同学也答应了，认为这样解决很好，以后大家还是好朋友。

王曦在与儿子相处时给予孩子充分的信任和鼓励，亲子关系一直都很融洽，很多事情都鼓励儿子独立解决，在他需要帮助时才会适当地引导，提出建议让儿子决定。在这样的亲子关系中，孩子的自主性得到了充分的发展，会主动做事和学习，还会经常思考和提问题，孩子的自驱力在无形中得到了激发。从王曦与儿子的相处中我发现，他们的亲子关系类型是属于权威型的亲子关系，这种类型的亲子关系非常利于培养和发展孩子的自驱力，值得我们推崇。

关于亲子关系的类型，早在 20 世纪 60 年代，美国心理学家戴安娜·鲍姆林德察访了 100 多个家庭，她发现，不同的家庭在教育孩子的方式上存在许多差异，但**主要集中在两个方面，一个是满足需要（Responsiveness），另一个是坚持要求（Demandingness）**。

同时，鲍姆林德教授认为亲子关系可以分为四种类型：**权威型、专制型、放纵型和忽略型**。（见图 1）

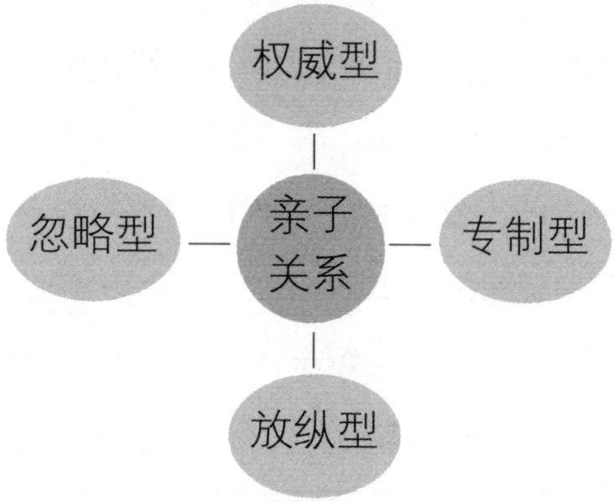

图 1　亲子关系的四种类型

下面我们来简单了解一下四种亲子关系类型的特点（见图 2）。

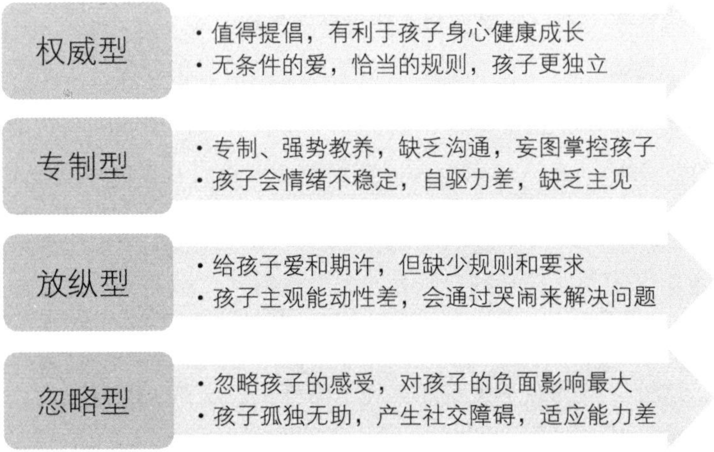

图 2　四种亲子关系类型的特点

综合来讲，这四种类型的亲子关系中，只有权威型是值得提倡的，这种类型的亲子关系最有利于孩子身心健康的成长。权威型父母在孩子眼里具有权威性，是榜样般的存在。这种父母的教育方式是基于对孩子的理解和接受，尊重孩子的意见和行为，给孩子合理的要求和建议。孩子虽然会感觉到严格，但有自主权，会感受到父母的爱和相应的规则，在这样的亲子关系和家庭教育下，孩子会更积极，自驱力相应地也会变得更强。

专制型亲子关系的特点，就是父母一味地要求，没有民主，没有尊重孩子的想法和意见，与孩子缺乏沟通。有些专制型的父母会强势地制定规则，孩子不遵守，就用更强硬的态度监督。在这种亲子关系中，父母是专制的一方，想要完全控制孩子，让孩子依照自己的要求生活和学习，相应地，孩子就会缺乏自驱力，情绪不稳定。

放纵型的亲子关系中，家长会给孩子很多的爱和期许，但缺少要求，也不会给孩子制定规则。孩子会表现得自控力差，没有主观驱动力，一旦家长不能满足他们的要求，他们就会通过哭闹来解决问题。

忽略型的亲子关系对孩子的负面影响最大，父母完全地忽略孩子，包括忽略对孩子的爱和付出，他们不会对孩子提出任何要求，也没有期许，放养式成长，只给他们提供物质生活，没有精神层次的交流。孩子在忽略型的亲子关系中会变得无助，甚至产生社会交往障碍，适应能力差。

我的邻居雷雷的妈妈张华就倾向于专制型亲子关系，雷雷的爸爸则倾向于忽略型。妈妈完全掌控了孩子的学习和生活，经常干涉孩子做决定；爸爸则常常忽视孩子的感受，不与孩子做必要的沟通，认为只要给孩子提供良好的物质条件就可以了。这样的组合对雷雷来说是灾难性的，他内心的需求被忽略，跟妈妈没有有效交流；爸爸总是忙于工作，每年有三分之二的时间都在出差，父子间的交流几乎为零。渐渐地，雷雷变得不爱学习，不想上学，更不想和妈妈在一起。

张华很苦恼，找到我问怎么办。我先了解了一下他们夫妻现在的关系。原来张华因为丈夫经常出差，不顾家，内心是有怨言的，两个人经常会冷战。我告诉张华：想要解决雷雷的问题，首先要改善的是亲子关系，而亲子关系改善的前提是夫妻关系和谐。

当夫妻关系有所缓和，两个人的沟通和交流多一些，相互理解就会多一些，情绪化问题就会少很多，这样，他们才能给孩子营造一个有爱有温度的家庭环境。

我建议他们在改善了夫妻关系之后，再改善亲子关系。母亲要在了解孩子需求的基础上给孩子提出合理化要求和建议，在生活和学习上要多引导，不专制，要尊重孩子的意见，适应孩子的节奏。这样的话，母子关系也会慢慢缓和。

与此同时，父亲的参与也必不可少，有助于早日将忽略型转化成权威型，在给予孩子爱和期许的同时，增加一些关注和要求，鼓励孩子自己动手，多和孩子互动。

总的来说，一段良好的亲子关系意义重大，对孩子品格的塑造和行为习惯的养成有着至关重要的作用。良好的亲子关系可以让孩子受用一生，他们可以从中获得安全感，增强自驱力，更愿意积极主动地去探索未知的世界。

3

不做包办与掌控型家长

生命之初，每一个孩子都是可爱的天使，对未知的世界存在强烈的探索欲，他们在不断摸索中增强自己的认知能力，逐渐形成自己特有的行为习惯。

当然，随着时间的推移，小婴儿在慢慢长大，除去天真烂漫、活泼可爱，他们还会有许多让父母头疼的问题。对于 7 ～ 12 岁的孩子，也就是小学阶段的孩子，家长主要头疼的问题往往是孩子起床磨蹭、做作业拖拉、时间观念差、自律性差、爱发脾气、情绪自控差、挑食、不爱体育课、不爱运动、不爱参加集体活动、朋友少、社交能力差、阅读能力与兴趣需要提高、学习兴趣与热情不足、偏科等。

在从事十多年的儿童心理学研究过程中，我曾经与 2000 多个家庭进行了沟通和交流，家长们最希望孩子改掉的毛病可以总结为三大项：磨蹭（也包括拖拉）、马虎大意和注意力不集中（或集中时间极短）。因此，我会根据孩子的具体情况给他们制订计划，帮助孩子逐渐改变。

其实，从儿童心理学的角度来看，磨蹭和拖拉是孩子最正常不过的自然行为了。我们的专注点不应该是磨蹭和拖拉本身，而是要挖掘其背后隐藏的原因和动机。

那么我们回归上面的问题，小学阶段的孩子为什么会拖拖拉拉、注意力不集中呢？

请各位家长朋友跟我一起看以下的案例。

张莉孕育宝宝的过程很艰辛，女儿小云朵出生后她非常高兴，下定决心要把所有的爱都给她。她告诉自己，必须保护好女儿，不让她受到一丁点的伤害。

于是，在小云朵成长的过程中，妈妈几乎帮助女儿做了所有的事，她预见了所有的危险，在孩子还没做决定前就帮她计划好了一切，一旦孩子主动要做些什么，她都会第一时间否定，担心孩子做不好，觉得孩子的决定会带来危险，还浪费时间。

开始时，小云朵对外面的世界充满了新奇感，愿意去探险，去尝试，时间一长，在妈妈那密不透风的爱里，她的求知欲不那么强烈了，也不愿意主动做事了。再后来，孩子有了严重的逆反心理，妈妈越着急，她就越磨蹭，妈妈每次制订计划，她都不愿意按照妈妈的计划去执行。于是，拖拉、粗心、不思进取、不爱思考和不爱学习等问题就出现了。

面对女儿的情况，妈妈还挺奇怪的，心里想着，她从前不是这样的啊？怎么现在既磨蹭又没有上进心呢？

小云朵表面上还是好好的，其实内心已经很受伤了，孩子的自驱力消失了。

故事中小云朵的自驱力是被妈妈“偷”走的，妈妈做了本应该是孩子独立完成的事。在育儿的过程中，我们总是会陷入一个误区，会在潜意识里认为孩子做不好。而当孩子真的做不好时，我们又会陷入另一个误区，那就是孩子不行，我们必须帮忙，在背后为他们助力。最后导致我们和孩子陷入一个恶性循环的陷阱：

孩子自制力差→缺乏自驱力→家长督促管教→孩子按部就班完成任务→依然没有改变

然而，家长管教的力量毕竟是有限的，也许在孩子小学阶段管用，可当孩子逐渐长大，认知能力逐渐加强，青春期碰上叛逆期时，我们还能成功地“驾驭”和“掌控”孩子的行为吗？

在这里我提到了“驾驭”和“掌控”，实际上就是想指明夺走孩子自驱力的那股力量来自家长。我们真正要做的不是焦虑，不是揠苗助长，更不是催促式引导，而是将孩子的自驱力还给他们，让他们重新掌握自主学习和探索世界的动力。

孩子的自驱力一旦消失，行为习惯被打上家长的烙印，时间长了，甚至还会出现“习得性无助（Learned helplessness）”现象。习得性无助，由美国心理学家马丁·塞利格曼（Martin E.P. Seligman，M.E.P.）1967 年通过试验研究得出，指个体经历某种学习后，在面临不可控情境时形成无论怎样努力也无法改变事情结果的不可控认知，继而导致放弃努力的一种心理状态。

当家长完全掌控了孩子的学习和生活，把他们人生的每一步都安排好时，孩子“习得性无助”现象只会愈演愈烈。如果父母一味给孩子贴上标签，诸如“你不行”“凡事都解决不了”“啥也做不好”，久而久之，孩子就会形成不正确的归因，认为自己做不好，不想去学习任何东西，会变得不自信，甚至自卑。这种自我意识一旦形成，融入孩子的思维习惯里，那么孩子就彻底失去了学习的动力。这也是孩子自驱力不足的心理学归因。

父母将一切都规划好了，凡事都走在孩子前面，那孩子还需要思考吗？还需要尝试吗？还需要学习吗？

孩子做任何事都需要一个内在的动机，吃饭是因为对美食产生吃的欲望，玩游戏可以使自己快乐，和小朋友交流是想要获得友谊。在日常生活和学习中，我们就是要正确引导孩子的内在动机，这就好比找到机器上的发条，扭动了发条，机器自然会开始运转。

有了内在动机，孩子就不会排斥独立做事，慢慢地才会养成自主做事的习惯。

古希腊哲学家亚里士多德曾经这样说过：“人的行为总是一再重复。因此卓越不是单一的举动，而是习惯。”

例如，在生活中，让孩子养成和父母一起做家务的习惯，让孩子经常帮妈妈收拾屋子，和爸爸一起擦地，用习惯的行为滋养其行动的自驱力，这会增强孩子未来独立做事的驱动力。在学习上，让孩子养成独立思考做作业、整理错题集的好习惯，久而久之，当孩子遇到学习上的难题时就不会束手无策，会依靠自己的力量解决难题。因此，让孩子养成各种好习惯，这才是增强孩子自驱力的重要途径。

4

顺应孩子的天性，发现孩子的兴趣

很多家长在对孩子进行家庭教育和引导的过程中，更愿意分享和借鉴更高效方法，他们会将自己认为有效的教育方法分享给周围的人，同时向教育出更优秀孩子的家长取经，吸取更优质的经验。但是他们很快发现，那些高效的、优质的教育方法在自己的孩子身上并不一定见效，跟理想程度有很大的偏差，甚至孩子的学习成绩不升反降，还出现了情绪问题。这是为什么呢？

我认为，**高效的不一定是适合的，优质的也不一定是通用的**。

家庭教育的对象是孩子，而每一个孩子的天性不同，我们在进行家庭教育时要因人而异。**尊重孩子的性格特点，顺应他们的天性，找到他们感兴趣的地方，然后才进行有针对性的引导和教育，这样更能激发孩子的自驱力**。

现代心理学将人的气质类型分为四种，即**多血质**、**黏液质**、**胆汁质和抑郁质**。不同气质类型的孩子有不同的性格特征，教育和引导的侧重点也存在差异。

多血质类型：这种类型的孩子性格比较外向，有朝气，热爱社交，会主动交朋友；善于思考，思维敏捷，愿意接受新事物；同时，他们也容易出现情绪波动，做事毛躁，缺乏持续性。

黏液质类型：这种类型的孩子喜欢安静，比较稳重，做事踏实，能听父母和老师的话；反应不敏捷，不愿意多说话，倾向于内向性格。

胆汁质类型：拥有胆汁质特点的孩子比较直率，精力旺盛，刚强果敢，同时也会出现脾气差、容易发怒的情况。

抑郁质类型：抑郁质类型的孩子更内向，行为孤僻，不善交往，反应比较迟缓，适应环境的能力差，内心比较敏感。

我们在和孩子相处时要了解孩子的气质类型，根据孩子的性格特征因材施教。

在现实生活中，孩子的性格是不一样的，并不是每一个孩子的气质都恰好对应上这四种类型，除去少数孩子具有某种气质类型的显著特征外，绝大部分孩子的气质类型偏于中间型或混合型。简单来说，就是一个孩子主要拥有一种气质特点，同时还兼具另一种气质特点。在实际教育这类孩子时，我们也应该针对这种情况因材施教。比如一个孩子既是黏液质又是抑郁质，那么在与他们相处时就要同时兼顾黏液质和抑郁质两种气质类型的特点。

表 1 就针对不同气质类型的孩子，列出了其家庭教育的侧重点以及如何因材施教。

表 1　不同气质类型孩子的家庭教育侧重点及相处方式

气质类型	家庭教育侧重点	相处方式
多血质	培养专注力，夯实基础，锻炼其做事的坚韧性和持久性	创造机会让其主动学习和做事，做错了及时指出，并让其改正
黏液质	着重培养社交能力，鼓励他们主动与人打招呼，热情向上，积极乐观	与他们相处要有耐心，批评和指正时要注意方法，给他们自我接受的时间
胆汁质	重点培养他们的自制力，增强他们的自律性，引导他们控制自己的情绪	注意方式方法，不要激怒他们，以免使他们更加情绪化，要用平和的心态引导
抑郁质	鼓励他们多参与集体活动，增强自信心，多沟通，多交流	着重关注他们的情绪变化，感知他们的状态，要多关心，多爱护，切记不要在公开场合批评他们

针对不同气质类型的孩子，我们可以给他们制定不同的教育方法，用与气质类型相对应的方式引导孩子唤醒自驱力，一定要避免“一刀切”式的教育方法。试想一下，你借鉴了一个多血质孩子学习和生活的经验，让一个黏液质的孩子去学习和模仿，这是不符合孩子的发展天性的。

让我们一起走进下面的案例，看一看这位妈妈是如何根据孩子的气质特点进行家庭教育的。

有一位哈佛大学毕业的妈妈，她的育儿理念是根据孩子的兴趣找到孩子的天赋，再有针对性地深入教育。她会给孩子报多个兴趣班，留心孩子的学习状态，看孩子喜欢哪种兴趣班，在哪个领域表现出与众不同的天赋。半年后，她意外发现孩子喜欢机器人，对编程很感兴趣，每次上课都聚精会神，能主动写课堂笔记，晚上回家翻阅相关的资料，整个学习的过程非常开心，精神状态也好。于是她停掉孩子的其他兴趣班，给他留出时间和精力专门学编程，上跟机器人相关的课程。她的孩子的确在这方面展现出了惊人的天赋，还在机器人大赛中代表国家参赛，获得国际一等奖。

这位妈妈在教育孩子时顺应孩子的天性，引导孩子发现自己的兴趣，并且有针对性地挖掘孩子的天赋，让他在喜欢的领域发光发热。这是一个典型的成功案例，妈妈通过高效的方法唤醒了孩子的自驱力，驱动了孩子未来的成长。

然而，很多家长在给孩子选兴趣班时会有这样的心理：孩子已经学了两年了，虽然他不是很感兴趣，但也付出了努力，如果现在停止，那么之前花费的时间和金钱不就都浪费了吗？还是坚持一下吧，也许孩子明天就感兴趣了，这也算是学了一项新技能。

我的催乳师小杨就很在意时间成本，她认为应该在某一领域培养孩子坚持不懈的精神，只要坚持到底，就一定会达到理想的效果。

她认为小女孩应该学舞蹈，因为跳舞不仅可以培养内在气质，还可以强身健体，于是她给女儿报了舞蹈班，让女儿学拉丁舞。要知道，跳拉丁舞时需要舞者自内而外迸发一种激情，眼神和动作都要到位。但她的女儿性格偏内向，气质类型属于黏液质，还有一些抑郁质的倾向。她女儿每次上舞蹈课都不开心，还跟好朋友倾诉："我不想跳舞，跳了三年完全是被妈妈逼迫的，我感觉好累。”在这三年中，她也尝试过和妈妈沟通，她告诉妈妈自己不喜欢跳舞。但妈妈认为她在偷懒，是在为自己找借口，还对孩子说：“给我好好跳，一定得坚持到底！”

从那之后，小杨的女儿越发内向，不爱和同学说话，上舞蹈课时总是没精打采，舞蹈老师发现了问题，及时跟小杨沟通：“您女儿不喜欢跳舞，她的舞蹈天分也很一般，既然孩子不喜欢，又何必勉强呢？她最近状态不好，我看您有必要多和她交流一下。”

听了舞蹈老师的话，小杨开始逐步自我反思，她回想起女儿对她说的话，女儿的确说过自己不喜欢跳舞，但她认为孩子可能是因为怕吃苦才这样说的。她一直认为孩子一定要具有坚持不懈的精神，绝对不可以半途而废。可看到女儿现在的情况，她不禁反问：难道是自己的教育方法出现问题了吗？难道不应该让孩子学会坚持吗？

我们可以从这个案例分析出，小杨没有顺应孩子的天性，让孩子去学自己不感兴趣的课程，最后导致孩子毫无驱动力，情绪也趋于负面化。让孩子学会坚持是没有问题的，但坚持的前提是热爱，孩子感兴趣了，才会坚持到底。

兴趣是不会说谎的，兴趣是引导孩子最好的老师。

有兴趣，学习是一种享受；无兴趣，学习就好似酷刑。因此，孩子自驱力的培养，找到孩子的兴趣是第一位的。没有兴趣，何谈主动？那么，如果我们是小杨妈妈，面对女儿的情况，应该怎么办呢？

首先，要尊重孩子的气质类型，不要妄图强行改变，逐渐让内向型的孩子变成外向型。要顺应他们的气质类型，让孩子选择兴趣班，引导他们主动做事。

其次，感知孩子的情绪，多与孩子进行沟通，在发现孩子对某种事情毫无兴趣后，要及时止损，不要耽误孩子宝贵的时间，让他们把时间和精力花费在热爱的事情上，这样才会获得最大效应。

最后，不要将兴趣发展成任务，家长应该做到不逼迫、不强制，善于引导和多辅助，在孩子需要时再发挥作用，给孩子恰当的引导和帮助。

案例中，小杨在了解女儿真实的想法后，不再逼迫她学舞蹈，给她留出足够的自我修复时间。休假时，让女儿自己安排课余时间，做一些她真正感兴趣的事。因为女儿偏于内向型性格，平时比较安静，善于思考，空闲时也爱看书，于是小杨征求了女儿的意见，时常带她去图书馆，买她感兴趣的书籍。一段时间后，小杨发现女儿开朗了许多，也愿意主动和家人、朋友交流了。

初为人母，我们都想把最好的送给孩子，也许也会像案例中的小杨一样，想要替自己的孩子做出人生重要的选择。可父母自以为给予的是“最好的”，并不一定是最适合孩子的，也不一定是孩子真正想要的。只有顺应孩子的天性，尊重他们的选择，善于发现他们的兴趣，才能唤醒他们内在的驱动力。

因此，从现在开始转变观念吧！引导孩子找到真实的自己，通过挖掘孩子的兴趣激发他们学习的自驱力。

5

建立回环式的互动关系

孩子的世界很神奇，他们有与生俱来的好奇心，对未知的世界充满探索的欲望。同时，他们也具有很强的模仿能力，会以亲近的人为榜样，下意识地去模仿。这都是孩子身体里本能的驱动力。

当然，处于 7 ～ 12 岁的孩子，他们的认知能力和行为习惯都处于逐渐强化的过程，需要家长在家庭教育中恰到好处的引导。在心理学家眼中，这个阶段的孩子具有可塑性的特点。家长可以在和孩子相处的过程中，找到适合孩子学习的方法，用孩子喜欢的方式去教导他们，去唤醒他们的自驱力。

然而，在唤醒和培养孩子自驱力的过程中，我们容易陷入一个误区：**利用我们的阅历和经验引导孩子模仿自己的思维，错把权威当作引导，用暗示心理让孩子按照我们预期的样子去做抉择**。可是，最终孩子内心的需求没有被满足，他们做的事情都带有被动色彩，这对孩子自驱力的培养是没有正向效果的。

美国哥伦比亚大学的心理学博士沙法丽·萨巴瑞在《父母的

觉醒》一书中写道："每一个孩子都有自己独特的生命规划图，他们早早地就开始接触最本质的自我，开始体会自己最想成为什么样的人。"

我认为，家长在引导孩子时要遵循孩子的本心，满足他们个体的内在需求，顺应他们的天性。孩子有自己的想法和选择，我们要做的是尊重，而不是干预。我们在唤醒孩子自驱力的同时，也需要进行自我觉醒，拒绝"一刀切"式的教养和引导，提倡亲子教育趋于回环式的互动关系。

下面让我们一起看一下"一刀切"式教养和回环式教养的差异。

表 2 "一刀切"式教养和回环式教养的差异

教养方式 不同结果	"一刀切"式教养	回环式教养
父母的角色	权威、领导者、上级	平等的、和儿女一样
与儿女的关系	单方面对儿女施加影响	相互影响、互相学习
产生的结果	叛逆、不听话、难管教	协作进步、共同成长
孩子的自驱力	思想退步、一切靠父母	主动做事、和父母一起

从表 2 可以得出一个结论：回环式教养更有利于孩子自驱力的培养。

回环式的亲子互动关系是一种良性循环的亲子关系，好的亲子关系不是上下级关系，父母不应该有优越感，亲子双方是平等的，也是互相的。父母有意识地引导孩子唤醒其内心的自驱力，而孩子在这个过程中也唤醒了父母的主观能动性，彼此之间的关系在不断地修复和巩固，彼此之间的纽带也更加坚韧。这会在父母和孩子中间形成一股无形的力量。

我做过线上写作培训的课程，就是培养小学生阅读和写作的习惯，教导他们如何写出一篇好作文。很明显，那些主动要求父母给报辅导班的学生更加努力，他们有学习写作和阅读的自驱力，并且会独立制订学习计划。这些学生每次开课前都会给自己设定一个目标，比如，一个月内写出两篇优质作文，并发表在报纸或杂志上。

当然，也有一些学生是被家长“带来”学习写作的，这些孩子在上课时不会主动回答问题，也从不提出问题，对自己的写作没有规划，兴趣缺失，动力不足，每次上课还需要家长帮忙记录课堂笔记。

有一名男同学让我记忆深刻，他在上课时一动不动，低垂着头，眼睛向下看着笔记。我和他的妈妈交流过他的学习问题，得知这名男同学不喜欢语文，看到一个作文题目不知如何去写，大脑一片空白，没有任何思路，因此他作文写得很不好。

为了让他爱上语文，引导他主动学习语文，他的妈妈经常耳提面命地告诉他语文的重要性，并且会以“一刀切”式的方法培养他。比如，强制他每天写一篇日记，看优秀作文，做读书笔记等。妈妈提出报线上写作班，并且强制孩子坐在书桌前上课。当我布置作文题目时，这位妈妈也会第一时间给孩子提供写作的建议，将自己的写作思路告诉孩子。

了解过这位男同学的情况后，我建议这位家长抽出时间和孩子好好聊一聊，倾听一下他内心的声音。但她认为不能强制孩子和她聊天，要等孩子主动开口，否则就算坐下来聊天，孩子也会闭口不言。她说：“我尝试过和他沟通，但每次他都有抵触心理，说话态度不好，最后的结果也是不欢而散。我觉得他内心的想法就是不想学，这还有谈下去的必要吗？”

而事实上，这位妈妈和孩子之间存在误解，这个男同学曾经跟我说过：“我妈妈觉得我什么事情都做不好，你看，她连上网课都不放心，要坐在身后监视我。我不喜欢她的这种方式，很讨厌。”

可以看得出，这位家长意识到了家庭教育的重要性，也在主动培养孩子的自驱力，但她在教养孩子的过程中没有尊重个体的需求，将孩子推至亲子关系的对立面，试图用权威和自身经验把控孩子，妄图操控孩子的行为和思想，培养出一个她理想中的孩子。

其实，我们在教养孩子的过程中很容易陷入一个陷阱，试图将孩子培养成我们的缩小版，将自己的经验和习惯复制到孩子身上，并且对他们的要求更严格。

良好的家庭教育关系应该是平等的，是回环的，我们在教孩子，反过来，孩子也在教我们。回环式的互动关系就是我们要保持良好的状态，和孩子一起成长。回环式教育也是我们唤醒孩子自驱力的有效方式之一，是从父母有意识地培养到孩子主动去做之间转化的关键——适时地放手，将孩子做事和思考的主动权交到他们手中。

诚然，父母是唤醒孩子行为能力的引导者，但引导也需要注意方法，如果一味地强制或命令，很可能会将孩子的自驱力封存。我们在树立培养孩子自驱力的意识时，也要有适时放手的决心，让孩子去摸索成长的路，积攒属于自己的经验。只有孩子发自内心地去做，自驱力才算真正地被唤醒了。

父母只是孩子自驱力培养的引路人，真正能让孩子做到的只有孩子。所以，让孩子主动去做就显得格外重要。

父母有意识培养是前提条件，孩子自主动手则是内在根源，掌握好两者之间的关系，父母在恰当的时机放手，这才是对孩子最好的帮助。

6

创造培育自驱力的最好土壤

孩子就像田野中一棵棵向阳而生的小树苗，需要不断地从土壤中汲取养分才能茁壮成长。

还记得初为父母时，我们看着襁褓中的新生命在想什么吗?有人说，我希望孩子可以健康、平安地长大；有人说，我希望孩子可以一辈子开心和快乐；也有人说，我希望把世界上最好的东西都给他。

不管当初我们拥有怎样的期许，对这个新生命有何希望和寄托，那都是出于本能的爱。

面对生命之初的他们，我们有太多的期盼，也有太多的懵懂，不知他们将来会成为怎样的人。我们在期盼之余难免会生出焦虑心理，担心孩子的未来发展是否顺畅。如果可以，我们真的不希望自己的孩子吃苦，不想他们经历负面的事情。但生活总是充满了不确定，我们无法预测将来会发生什么，能够做的只是坦然面对和接受。所以，我们下定决心，要倾尽全力帮助和引导孩子。

事实证明，在我们给予、孩子接收的过程中，孩子主动地接收和消化，其内心的自驱力才能得到激发，他们才会真正地成长，找到属于自己的成长之路。

当培养孩子自驱力被提上家庭教育的日程时，我们就要思考应该给孩子提供什么样的帮助了。

首先便是要创造培养孩子自驱力的最好土壤。在这里，我们强调的“最好”其实是适合孩子自身发展的土壤。这土壤是适合孩子的，是孩子最需要的，而不是我们认为最优质的。

同事刘影是一个对孩子要求很严格的妈妈，她会给予孩子许多的支持和爱。只要是与孩子学习相关的，她都会竭尽全力去做，并且将自己认为有利于孩子发展的经验都运用到孩子身上。她想要孩子赢在起跑线上，少走一些弯路。但她属于典型的“直升机式的父母”（helicopter parents），顾名思义，这一类型的父母就像直升机一样盘旋在孩子的上空，时时监控孩子的一举一动。比如，她怕孩子记笔记不全，会坐在孩子身后帮他记笔记，上网课也要坐在后面查看他是否学了进去；老师上一秒刚布置好家庭作业，她在下一秒就着急帮孩子准备写作业需要用到的工具，不给孩子一点思考的时间；在孩子专心做某件事时，她会毫不犹豫地打断，告诉他这样做是错误的，不会得出问题的答案，应该用另一种方法解答……

刘影替孩子做事的初衷是善意的，她想要节省孩子宝贵的时间，提高孩子做事和思考的效率，但“直升机式”的监控管理却让孩子苦不堪言，使孩子渐渐丧失了主动思考和做事的动力。孩子已经意识到一切都不用他去做，妈妈早就做好了一切规划，他只需要被动地执行就可以了。

植物只有找到适合本身生长需求的土壤，才会茁壮成长。培养孩子自驱力也是一样，需要家长提供适合的“土壤”才行。任何引导和帮助都应该是恰到好处的，要坚持适度原则。家长应该顺应孩子的本性，掌握孩子成长的节奏，不去打断他们，也不要过度干预。如果干预过多，孩子将会朝着相反的方向发展，甚至会出现更多的问题。

案例中，在刘影“直升机式”的关怀下，她的孩子彻底变成了“问题小学生”：起床磨蹭，上课迟到，不主动回答问题，写作业拖拉，不主动思考，一切都等着妈妈去做。同时，孩子也开始拒绝社会交往，不和其他小朋友们玩，抵触妈妈下的命令和建议，拒绝和妈妈沟通。

家庭提供的“土壤”不适合孩子的成长，不仅无益于孩子自驱力的培养，还会让孩子产生某些情绪和心理问题。那么，我们应该如何创造培育孩子自驱力的最好“土壤”呢？

第一，建立良性互动的亲子关系。

亲子关系是培养儿童自驱力的基础，父母要在不断学习中与孩子建立回环式亲子互动关系。

良好的亲子关系不仅要让孩子感受到父母无条件的爱，让他们对父母有亲密感，还要他们拥有对自己生活和学习的控制力，双方在平等关系的基础上做事。这个时候父母不再是权威的一方，而是站在和孩子同等的位置，协作互动式成长。

案例中的刘影在意识到自己的问题后，她不再做“直升机式”

母亲，开始做孩子的顾问，当他的领路人。在生活和学习中，她给孩子自主权，让孩子选择要做的事，思考应该如何学习和解决问题。她试着帮助孩子分析利弊，但最后的决定权在孩子手上，这样可以锻炼孩子独立自主的思维，让孩子直面自己的问题，想出解决方案。

第二，培养孩子良好的行为习惯，让孩子懂规矩知方圆。

良好的习惯可以使孩子产生自我约束力，当孩子懂得规范，知道做事的边界，他们就会形成固定的思维方式。比如，当遇到问题时，孩子首先想到的是懊悔，还是解决问题的方法？习惯是成就思维惯性的先决条件，当孩子养成了自己动手或动脑的习惯时，他们会主动思考和做事，那么孩子的自驱力就会逐步培养起来。

第三，让孩子自然成长，顺应他们的天性，鼓励孩子做好自己。

每一个孩子都有自己的成长规律，顺应他们的天性，引导和帮助他们找到属于自己的成长之路，对父母来说很重要。培养孩子自驱力的重要秘诀就是让孩子主动去做、去思考，当孩子独立做一件事时，我们要做到不打断，要让孩子独立完成以及总结经验。孩子独立思考很重要，被命令时，孩子的大脑是拒绝思考的，会被动地按照要求去做，时间一长，他们就再也不愿意动脑思考如何解决问题了。要给孩子一些时间，让孩子自然成长。

第四，让孩子主动设立目标，点燃孩子的梦想。

目标和兴趣是孩子养成自驱力的重要因素，兴趣和爱好驱使孩子主动去动手，目标则是孩子前进道路上的灯塔。家长可以鼓励孩子给自己设定一个目标，目标可以由小及大，以简单到困难。目标的完成也会促使孩子自信心增强，越自信就越爱动手去做，这对自驱力的培养是一个良性循环。

第五，培养孩子的逆商，提升抗挫折能力，向阳而生。

土壤中有好的养分，也有一些“坏的”成分。当面临失败和挫折时，坏的成分就开始发挥作用。有的孩子会愈挫愈勇，有的孩子会一蹶不振，我们要教会孩子的就是要在逆境中继续生长，要提高孩子的逆商。

我们还要让孩子懂得，失败和挫折是生活的常态，要学会坦然面对，敢于处理。同时，也要让孩子相信，阳光总在风雨后，让孩子们向阳而生，唤醒自己成长的自驱力，去实现自己的理想，实现自己的目标！

给孩子创造最适合他们发展的土壤，这不是一朝一夕就可以完成的，在实际过程中，我们可以和孩子一起努力，让孩子感觉到父母是与他们站在一起的。因为在一定意义上，父母也是“最好土壤”中的一部分。

第
2
章

让孩子相信自己拥有变好的力量

1

给予无条件养育和无条件的爱

“如果你再不听话，继续坐在这里哭，妈妈就不理你了，你自己解决吧！”

“如果你考不进前十名，上次考试得的奖励就要没收，你再也不能玩电脑了。”

“你真的太棒了，你们班只有三个人得了100分，你是其中的一个，你真是爸爸和妈妈的骄傲。”

“你怎么退步这么多啊？上次考试还是三个100分，这次才一个，你真是太让我失望了！”

很多家长对上面这样的话都不陌生，在养育孩子的过程中或多或少会使用类似的方式，比如奖励与表扬，控制与惩罚，催促和逼迫孩子成功。这其实是有条件养育，在孩子眼中，这样的爱也是有条件的。孩子并不会喜欢，也难以接受，长此以往，孩子会认为：当他们所做的事情满足了父母的期许才会得到父母的爱；反之，他们得不到父母的爱，只会得到冷漠和忽视。

艾尔菲·科恩在她的畅销书《无条件养育》中提到过这样一个观点，她说："当你的孩子做了令人瞩目的事情时，你会格外高兴，但不要弄得你的爱会以此为轴心。如果你能正确保持这种平衡，孩子长大后就不容易感觉只有在成功时自己才有价值，他们有可能会失败，却不会认为自己是个失败者。"

那么问题来了，我们对孩子的爱到底是不是无条件的？

试想一下，当孩子乖巧懂事，按照我们期许的方式来学习和生活，愿意在外面听我们的话，遵守我们制定的规则，和我们认为的好孩子玩时，我们就会认为："养育孩子真是一件令人激动的事，参与和见证了一个新生命的成长，真是幸福和充实。"

可是，当孩子调皮捣蛋，不按照我们的计划来学习，做事磨蹭，写作业拖拉，遇到不顺心的事就哭闹不止，脾气坏，易暴躁，不爱社交，爱玩游戏，一点都没有按照我们期盼的样子成长时，我们大概会情绪低落，心里哀叹："唉！养育孩子怎么那么难呢？为什么我的孩子那么不乖，总跟我对着干？"

瞧，对比出来了，当孩子按照我们预想的方向发展时，我们会高兴，觉得幸福极了；反之，孩子没有按照我们认为正确的方式生活和学习，我们就要恼羞成怒。这显然不对。

下面我们来看一下，面对同一个问题，无条件养育和有条件养育的父母是如何应对和处理的（见表3）。

表 3　无条件养育和有条件养育的区别

面对的问题	无条件养育	有条件养育
孩子的学习成绩很差	成绩很重要，学习的过程更重要	付出就必须有回报
父母的爱	与生俱来	需要靠孩子争取
面对人性	积极乐观	消极悲观
教养孩子的方式	协作式成长，共同解决问题	奖励和惩罚，注重控制

所以，我们不得不承认，有些父母对孩子的爱并不纯粹，不是无条件的爱，他们的养育方式也并不是无条件养育。

付出就要得到回报，这是人性使然，但在教养孩子上并不适用。我们会理所当然地接受孩子美好的一面，也会出于本能地排斥孩子调皮捣蛋的情况。

朋友郑坤对育儿方法颇有研究，他认为孩子太小，认知水平不高，需要父母正确地引导，身为家长更应该以身作则，给孩子树立榜样。因此，他替孩子制订了学习计划，目标明确，要求严格。为了让孩子有良好的学习氛围，他在家一般不处理工作的事，也尽量少玩手机和看电视，而会和孩子一起学习和讨论。

他经常和同事探讨育儿心得，也会把自己的方法分享出来，一段时间过后，有一名女同事对他说："怎么办？当孩子没有达到预期的结果时我就会着急，而这种不好的情绪也传染给了她。"

原来这位女同事在给女儿制订了计划后，当孩子完成得好，她就会很高兴，会满足孩子的愿望和需求；而当孩子做得不好时，她就会通过肢体语言表现不满，按照她女儿的描述就是“不对着我笑了，还有点生气”。

同事在育儿过程中遇到的问题，郑坤也反思了一下，他回想起自己的儿子一诺在期末考试成绩下滑到八十几分时，他也沉默了很久，把消极的情绪表露了出来，就连答应孩子去海洋馆的计划都取消了。

回到家后，他和孩子进行了一次面对面的沟通，总结了一下这段时间的学习和生活，并且向孩子提出了自己的要求。说完后，他问孩子：“一诺，你对爸爸有什么要求，我有没有需要改进的地方？”没想到一诺说：“爸爸，下次我考不好的时候，你别不理我。”

郑坤感到有些失落，他自认为给了孩子所有的关怀和爱，但儿子一诺却认为，想要得到爸爸的爱就需要考试得多一点分，如果考不好，爸爸的关心就少了，而且还会不高兴。

在这个案例中，郑坤对“无条件的爱”理解出现偏差，他是给了孩子爱和关怀，当孩子按他的要求去做时，他接受；但当孩子没有达到期许时，他会选择将爱按下暂停键。这种处理方式会让孩子产生一种错觉：听话就能得到爸爸的爱，不听话爸爸就不爱了。时间一长，孩子会越来越没有自驱力，他会陷入认知误区：自己的需求不重要，重要的是要满足爸爸的需求，爸爸需要他做什么，那么他就做什么。

孩子是上天赐予父母最好的礼物，在引导孩子增强自驱力的同时，我们也要给孩子提供无条件养育和关爱，让他们在爱和关怀中成长。当然，爱不是溺爱，而是陪伴孩子成长，给他们提供足够的安全感和归属感，和孩子一起学习和生活。

我们要成为无条件养育的好父母，给孩子无条件的爱，那么，我们需要怎么做呢？我们可以分四步来操作，如图 3 所示。

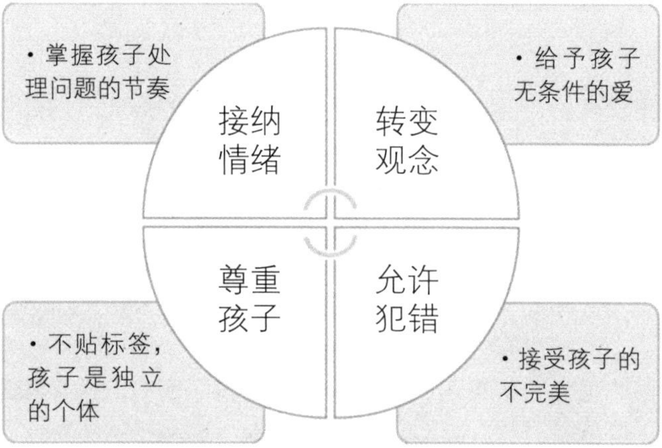

图 3　四步操作法

第一，转变传统的育儿观念，将无条件的爱贯彻到底。

首先要明确一点，我们爱孩子，并不是因为他们符合我们的标准和要求，完成了我们认为正确的事，而是因为他们是我们的孩子。

这种爱与孩子是否按照我们要求的标准来做无关，与他们做得对与错无关，要让孩子感受到，无论他们成功与否，考没考过 100 分，是否乖巧懂事，父母给他们的爱都是源源不断的，是不讲条件的。

因此，在教养孩子的过程中，我们不应再给予奖励与惩罚、控制与表扬。我们可以进行无条件养育，与孩子共同解决，培养他们思考问题和解决问题的能力。引导他们用自己的方式，主动寻找解决问题的办法。最后，孩子的自驱力会在这个过程中不知不觉地提升起来。

第二，接受孩子的不完美，允许孩子犯错。

犯错是每个人人生道路上不可或缺的一部分。没有完美的人生，也不存在完美的孩子，完美只是一个相对的概念。在养育孩子时，我们要接纳孩子犯的错，不要将错误放大，要和孩子一起改正错误，多做总结和交流。将错误和失败看成一件小事，及时改正就可以了。这样可以增强孩子抵抗打击的能力，有利于孩子未来的成长。

第三，尊重孩子，把孩子当成独立的个体。他们并不是我们的附属品，也不要给他们乱贴标签，给孩子自由成长的空间。

诚然，孩子的生命来源于我们，但他们也是独立的个体。随着认知水平的提高，他们会有自己的思想和行为习惯，我们要做的是在必要的时候给予引导，而不是给他们美其名曰“为他们好”的控制。学会放手，让孩子面对难题，主动去探索这个新奇的世界。

第四，接纳孩子的情绪，学会接受孩子处理问题的方式和节奏，给他们一些时间。

当孩子出现负面情绪，比如发脾气、生气，哭闹不止时，切记不要对孩子大吼大叫，大吼大叫只会让孩子的心离自己更远。

我们先要稳住自己的情绪，不要受孩子负面情绪的影响，静下心来帮助孩子缓解情绪压力。

平复好孩子的心情后，要和孩子沟通，交流面对的问题，和孩子一起找到解决方案。给他们一些时间！一开始让孩子学会自己处理情绪问题会很难，但只要熬过艰难期，等他们找到了处理坏情绪的方法时，他们就成长了。

给予孩子无条件养育和无条件的爱，纸上谈兵很容易，在实际操作时却不容易，我们应该做好心理准备。其实，在养育孩子的整个过程中，我们也是在不断地犯错、反省、积累和改进，我们也要像孩子一样，不怕犯错，要积极乐观地去解决问题。相信，在无条件养育和无条件的爱的环境下，孩子的自驱力会逐渐培养起来。

2

请相信，每个孩子都是潜在的优等生

信任，是正能量的代名词，能产生无限延展的力量，比如，可以帮助一个人拥有积极的心态，增强其自我提升的信心。

我认为，父母给孩子最好的礼物就是信任，被信任的孩子，他潜在的能力是无穷无尽的。

每一个人的潜力都是无穷的，但需要不断地开发和唤醒。著名心理学家奥拓认为，一个人所发挥出来的能力只占他全部能力的 4%。也就是说，我们还有 96% 的能力没有被开发出来。

下面，让我们一起学习一个关于信任的心理学小故事：

在 19 世纪 60 年代，美国著名心理学家罗森塔尔和雅各布来到一所小学，对外公布要做一项重要的实验，他们从 1 ～ 6 年级中各抽出 3 个班级来，对这 18 个班级里的学生进行了一项“未来发展趋势测验”。测验结束后，他们将一份名单交给校长和相关的科任老师，告诉他们这份名单上的学生是最有发展前途的，并且要求校长和老师严格保密，千万不要告诉同学们，这样可以保证实验结果的正确性和严谨性。

其实，根本没有所谓的“未来发展趋势测验”，那份最具发展前途的学生名单也是随机抽取的，这是罗森塔尔说的一个“权威性的谎言”。8个月后，罗森塔尔和助手又来到了这所小学，对那18个班级的学生进行复试，结果让所有人震惊，在名单上的学生进步都非常大，不仅个人的学习成绩提升幅度大，性格也格外开朗，会主动社交，积极向上，自信心和自驱力更强了。

这就是著名的罗森塔尔实验，实验中，校长和老师起到了重要的作用，他们给予学生暗示和期许，以及信任和鼓励，并通过语气、眼神、态度和多提问的方式让学生感受到这种期望，他们相信这些孩子会发挥无穷的潜力，也相信他们就是优等生。得到这种暗示和期许的孩子感觉到自己被重视、被期许、被相信，则会积极地回应，而这种积极的回应也会激起老师教学的热情。如此积极地循环往复，这些学生的成绩、智力和社交就会朝着老师期许的方向前进。这个时候，期望变成了现实，孩子真的变成了优等生。

期许和鼓励，相信和支持，对于孩子的影响是巨大的。可在现实生活中，当面对孩子的成长时，我们都会焦虑，担心孩子进步太慢，生活能力太差，上升空间太小，并在语言上“刺激”孩子。

“你怎么这么慢，还没写完作业，快点啊！”

“你什么都做不好，又把它搞砸了！”

“我说过多少遍了，不让你这么做，你怎么没记性呢？”

“你不应该这么做，你得按照我说的来啊！这样才节省时间。”

“真是败给你了，你怎么这么笨！跟我一点都不像。”

“你看你们班的 ×× 同学，她怎么学习那么好，一定是回家下功夫了，你什么时候能有她一半努力就好了！”

诸如此类的话，相信各位家长朋友都不陌生，也许是我们说过，或听别人说过。试问，听到类似的话，孩子会如何想？

一般来说，孩子会经历三个阶段：第一个阶段是自我怀疑，怀疑自己是否真的很笨，是否真的没有能力做好。第二个阶段是自我否定，认为自己一切都做不好，真的不如别人，自己太无能了！第三个阶段是自我反应，为了自我保护，一些孩子会更加叛逆，将拖沓、发脾气、懒惰和不听话进行到底。也会有一些孩子迫于家长的威严和压力，被迫改变，但性格会更趋于内向，他们沉默寡言，不愿意社交，甚至产生自卑心理。

其实，我们可以试着将否定和打击变成相信和支持，或许会有意想不到的收获。

朋友李思是个育儿高手，平时会在网上分享育儿心得。但她在养育孩子的过程中也会遇到许多问题，和许多前来咨询的家长一样，她会焦虑，会有负面情绪。

李思分享过一个方法，当情绪不稳定或感到焦虑时，使用注意力转移法：翻看孩子几个月大时的视频，看着视频中肥嫩可爱的小婴儿，她所有的焦虑和烦恼都会消失。静心之后再解决眼前棘手的问题。

女儿在幼小衔接时很不顺利，她学东西慢，别的小朋友学一遍就会了，而她需要学两遍甚至三遍。这时，李思并没有不耐烦，她细心地跟女儿交流，将她不理解的问题归纳起来，并且引导她主动将不会的生字和数学题记下来。渐渐地，女儿知道了如何面对新知识，也学会了怎么主动学习。

最后，女儿顺利完成了入学测验，并且在一年级的学习中取得了进步。虽然进步的幅度不大，但她正在学习的路上不断前进。

在这个案例中，我们看到了妈妈李思对孩子的期许，她相信孩子可以做到，有成为优等生的潜力。这种信任就会化作积极的心理暗示，通过肢体语言作用到孩子身上。

作为家长，我们不仅要看到孩子成长过程中的问题，也要看到孩子的潜在能力，与其否定和打击，不如选择相信，用积极向上的心理暗示告诉孩子：放手去做吧！你可以成为更好的人。

面对孩子的行为和状态，我们用不同的方式去引导和教养，便会出现不同的结果，如表 4 所示。

表 4　不同引导方式的对比

孩子的行为和状态	积极的心理暗示	否定式“激励”
拖拉，不写作业	耐心沟通，找到拖延的原因，跟上孩子的节奏	“快点写，别磨叽了”
没考 100 分，做题粗心	正确对待考试分数，那只是检验孩子掌握新知识的手段	“要用功读书了，别再玩了”
孩子不爱社交，不愿意说话	按照自己的意愿交朋友，不着急，慢慢来	“你这么内向怎么能行？”

从表 4 中我们可以得出一个结论，我们要用积极的心理暗示来面对孩子的行为和状态，通过这种方法，来提高他们的自信心，增强他们的自驱力。

请相信，每一个孩子都有成为优等生的潜质。我们要从主观上意识到孩子的潜力是无穷的，从根本上改变思维模式，让孩子在积极的家庭环境中成长和学习，用实际行动告诉孩子，我们相信且深爱着他们。

3

创造机会让孩子自己去做事

孩子自驱力的培养需要经历一个漫长的过程，就像破茧成蝶一般，过程漫长而艰辛。它需要从内部开始，慢慢突破产生量变，最后才能实现质变的飞跃。

事物的发展是内外因共同作用的结果，内因是根本，外因是条件。那么在培养孩子自驱力上，这重要的内因就是孩子，我们要想办法让孩子从心底发出一种声音：我可以，我相信自己能够做到。

让孩子自己做事，就是激发内因的一个很有效的方法。不过，这简单的一句话，在很多家长眼中却是一座横在教育路上的大山。为什么家长朋友会有这种感觉呢？原因往往如下：

“不行啊，孩子太小了，他干不好，我得帮他。”

“让孩子自己做？还是算了吧，我帮他做只需要半小时，让他自己做不得两三个小时啊，我再帮他收尾，整整三四个小时就没了，我不干别的了，光陪他玩了。”

“这个不安全，那个也存在危险性，孩子那么小，出了问题怎么办？等他再大一点吧。”

“我孩子啥都不会，还是得靠我，他必须听我的，我都是为了他好。”

“有那时间让孩子学习啊，做这做那多浪费时间。”

由此可见，阻挡孩子锻炼动手能力、树立自信心、提高自主意识的头号天敌就是家长。我们都知道，孩子的世界就像一张干净的白纸，学习的过程也就是孩子在白纸上绘画自己人生图景的过程。自己动手，孩子或许会把白纸弄脏弄烂，或画得不成样子，但那又有什么关系呢？犯错是每个人成长中的重要内容！

孩子会在一次次改正错误的过程中逐渐增强自信心和自愈力，我们大人也是在一次次改正错误的过程中，掌握了更多适合自己生活和学习的方法。

李丽的女儿汶芯今年上小学二年级，因为特殊时期需要居家上网课。为了让女儿更合理地利用时间，她连夜制订了居家学习计划。

居家学习计划规划得既充实科学，又懂得劳逸结合，堪称完美。李丽很满意地将计划表格贴到女儿的房间，要求她按照计划完成。她认为女儿一定很开心，不用浪费时间去思考和做什么了，节省下来的时间可以做更多有意义的事情。

汶芯在看到墙上贴的计划表后并没有很开心，反而一丝笑容也没有，她选择了沉默，并且用实际行动告诉妈妈，她很不满意。原本计划好的内容被她一拖再拖，最后只完成了一小部分。

看到理想与现实的对比后，李丽认为自己的计划表没有问题，有问题的是孩子，她有严重拖延症，做事情总喜欢拖泥带水。

这个案例从侧面也反映出妈妈和女儿的亲子沟通较少，且大多时候是无效沟通。父母强势地给孩子制定目标和计划，希望孩子认真执行以达到某种预期，但强制地执行最后只会让亲子关系更加恶化。我们也不难看出，案例中的妈妈忽略了女儿的感受，没给女儿选择权和自主权，也没有尊重女儿的意见。结果可想而知，女儿在被动执行计划时产生了消极情绪和逆反心理，所以才会自驱力不足，出现拖拉、心情低落和不爱写作业的问题。

各位家长朋友不妨换位思考一下：假如单位的直属领导给你制订了日工作计划，详细到每一步都有具体的执行步骤，以及何时该做汇报，何时午休，何时交工作总结，你的心情还会感到愉悦吗？

这时你或许会反驳，认为二者不可相提并论。可在孩子眼里事实就是如此，贴在卧室的计划表就是束缚他们自由成长的“牢笼”，他们无时无刻不想挣脱它。

同样是制订居家学习计划，王毅就把制订计划的主动权交到了女儿手中，他创造了机会让孩子按照自己的节奏去安排事情。他让女儿简单规划每天的学习内容，除去上网课时间是固定的，其余时间都由她支配。但他有一个要求，每天都要和爸爸、妈妈做睡前的交流，并总结自己计划的完成情况。

这样下来女儿很高兴，兴冲冲地在本子上写满了清一色的娱乐项目，比如打羽毛球，看半小时动画片，在小区院里玩滑板，骑自行车。王毅感到有些后悔，但仔细想了想，既然已经答应了女儿，那么就不能反悔，先看下女儿按照自己的计划去做事的情况，然后再做进一步的处理。

第一天女儿很开心，但到了晚上总结时有点后悔，她说："业余时间都去玩了，作业还没写呢，单词也还没有背，明天早上老师还要提问，这可怎么办？"她提出熬夜写作业，写完再睡。但爸爸提出反对意见，说："按照计划，现在应该是睡觉的时间了，你应该去睡觉。"到了第二天，女儿因为没完成作业而被老师批评，她则懊悔不已。

这时王毅向女儿提出建议："我觉得你应该合理安排自己的业余时间，多留出一些时间来写作业。"听了爸爸的意见，女儿修改了学习计划，除了玩儿，她还留出时间来写作业和提前预习课文。随着时间的推进，她的学习计划表越来越符合自己的节奏，执行效率逐渐变高。

从这个案例不难看出，孩子主动做事远比被动做事更有意义，这样可以培养孩子的自驱力。因此，作为父母的我们就更应该创造机会让孩子自己做事，主动思考，增强孩子的自驱力和行动力。

那么，我们应该如何创造机会让孩子主动做事呢？

第一，家长需要打破常规思维，从根本上改变自己的控制欲，学会从容淡定地放手，科学育儿。

第二，在学习和生活上创造机会和条件培养孩子自主做事的能力，给他们营造良好的家庭氛围。

不要认为孩子自己一定做不好，要大胆地放手和尝试。比如，让孩子自己洗袜子，帮妈妈晾衣服、收衣服，帮妈妈洗碗等。

第三，让孩子从简单的事做起。

比如，帮忙倒垃圾、擦桌子、整理书桌等。简单的事做好后，再让孩子做复杂的事，比如，帮妈妈选择家庭聚会的餐厅，并说出选择的原因，从环境、人数、菜品等方面考虑，锻炼孩子的独立思维能力。

第四，孩子做完一件事后可以给一些鼓励。

孩子自主完成一件事，要给予肯定和鼓励。就算孩子做得不好，也要照顾他们的情绪，不能对孩子大发脾气。家长的情绪很重要，要相信积极的心理暗示，相信孩子可以做好，也要让孩子相信自己能够完成。

每一个孩子都是独一无二的，他们有自己的行为习惯和思考特点，我们要做的不是用模板固定住他们的思维，而是要根据孩子的特点，找到符合自己孩子的方法。

4

通过提升自信来激发孩子的自驱力

古希腊哲学家苏格拉底曾经说过：“一个人是否有成就，只有是否具有自尊心和自信心两个条件。”可见自信对一个人一生的发展有着多么重要的作用。

自信的孩子就像头顶小太阳的小天使，走到哪里都积极乐观，遇到生活和学习中的难题，他们也会积极应对。自信，是孩子人生旅途中不可或缺的正能量，拥有了自信心，他们会更有勇气面对未知的一切。

一般来说，孩子自信心越高，独立做事的勇气也就会越大。当遇到难题时，他们会主动思考如何去解决，也会尝试用新方法。可以说，自信的孩子更容易拥有自驱力。

然而，小学阶段的孩子缺少自信心是一种普遍现象，许多家长也在头疼如何解决孩子不自信的问题。比如怯场，上课不敢发言；社交和说话时害怕与人对视，不敢发表自己的意见；经常羡慕别的小朋友，对自己特别不满意，做事没动力，也没成就感；被欺负了不敢反抗，也不敢把不好的事情告诉父母，面对无理的要求不敢拒绝，不会说“不”……

有教育专家指出，0岁[①]、6岁、12岁这三个年龄是孩子敏感期培养的重要分水岭，0～6岁未培养好的能力，在6～12岁也可以弥补。在6～12岁的阶段，家长更要注意引导孩子主动做事，在学习上，让孩子独立思考，自己完成作业；在生活上，锻炼孩子参与家庭事务，扫地、洗碗、擦桌子等。这样做的目的，是通过生活和学习的小事增强孩子的自信心。

下面我们来一起看一个童话小故事，感受一下自信心与自驱力的关系，以及提升自信心的重要性。

乌鸦纤纤的家在美丽的大森林边缘，居住环境简朴又温馨。有一天，它独自飞过大森林，看到了茂密的丛林和美丽的花朵以及潺潺的溪流，它觉得美极了，于是飞到溪流边的花丛里玩耍。这时，百灵鸟和喜鹊飞了过来，百灵鸟有悦耳的声音，喜鹊有美丽的羽毛。乌鸦看了看自己乌黑的羽毛，想到自己难听的声音，一下子就自卑了起来。它不敢打招呼，也不敢看喜鹊的眼睛，低下头，不敢出声，害怕它们笑话自己，很快就拍着翅膀飞走了。

回到家的乌鸦纤纤闷闷不乐，不敢将白天发生的事情告诉妈妈，它独自飞到树杈上发呆。乌鸦妈妈看出小乌鸦有心事，于是耐心和它沟通，终于知道了它心里的自卑，乌鸦妈妈说：“我们虽然没有漂亮的羽毛，没有好听的声音，但同样是独一无二的，做好自己，比任何事情都重要，我们只需要和自己比，

---

① 指不满1周岁的宝宝。

这样会更幸福。”

乌鸦纤纤想起从前的快乐，它有朋友，有家人，便感到很幸福。想到这儿，它又重新振作起来。第二天，它又飞到美丽的大森林里，当遇到百灵鸟和喜鹊时，还主动打招呼，告诉它们自己是一只快乐的小乌鸦。

很快，乌鸦纤纤在森林里认识了许多新朋友，和它们一起做游戏，一起飞翔。它的自信心越来越强，愿意主动去社交和探险。

从上面的故事中我们可以看到，不自信会影响孩子的生活与成长。当孩子不自信时，他们会出现人际交往困难，面对难题和坎坷时会退缩，容易和身边的人作比较，认为自己不如其他小朋友。就像故事中的小乌鸦一样，因为声音和羽毛不如别的鸟而自卑，不和遇到的朋友说话，回到家后也不说话，情绪低落。

因此，面对孩子不自信的行为，我们要以“不放大，也不忽视”为原则，找到最适合孩子的方式，帮孩子提升自信，为孩子自驱力的养成奠定坚实的基础。

第一，家长要“看淡”孩子不自信的行为，还要找到不自信行为背后的原因，但不要把自己焦虑的情绪传递给孩子。

朋友小郭很在意别人对她的评价，当老师指出她的女儿思思不太自信，需要多加培养时，她很焦虑。思思上课从不主动回答问题，每次老师提问到她时，她都畏畏缩缩，不敢大声说话，说一句话甚至都有点哆哆嗦嗦声音发抖，身体也站不直，含胸驼背，同学们和老师都能感觉到她有点儿害怕。

小郭认为这是大问题，必须尽快帮助女儿克服，她看了很多书，积累了很多如何快速增强孩子自信心的理论知识，但实践起来却问题百出，女儿非但没有任何进步，反而越发自卑了，在街上看到老师都不敢主动打招呼，跟人说话时低着头不敢看对方的眼睛。

事实上，孩子的心很敏感，她能迅速地感受到父母的情绪。小郭的焦虑都传递给了女儿，这让女儿认定自己做不好。

正确的做法是家长在情绪上放轻松，不要认为孩子不自信是天大的事，要让孩子也知道，不自信也没什么，只要慢慢变得自信就行了。

家长要协助孩子找到他们不自信的原因，然后有针对性地锻炼。

第二，尊重孩子的本心，跟上他们的步调，慢一点没关系，引导他们主动做事和学习。

每一个孩子都有自己学习和做事的习惯和方式，他们有些很快，有些很慢，但他们都是在自己的学习轨道上认真地前行和努力。我们要做的不是催促，也不是质疑，而是要遵循他们的本心，掌握他们的节奏，和他们一起，协作解决问题。

自信心的培养是需要点滴积累的，孩子会通过一次次的成功来积累自信心，当自信心增强后，他们会更加主动地去做事和学习。只要进入了自信和自动的良性循环，那么孩子的自驱力也就养成了。

第三，让孩子在家庭生活和学校交往中获得自信，倾尽全力唤醒他们内在的驱动力。

在家庭教育和生活中，我们可以通过和孩子的正常交流，适当地进行鼓励，在行动和言语上表示支持，提升孩子主动做事的动力，并且给他们提供主动开口说话和表达自己意见的权利，尊重他们的意见和建议。我们要把孩子当成家庭中重要的一员平等对待，给他们话语权，引导孩子主动参与到家庭生活中。

在学校，鼓励孩子参加学校活动，增强他们在学校的归属感。参加团队运动，和同学多交流和沟通。当然，也要引导孩子正确看待老师的表扬与批评，做到胜不骄，败不馁。

第四，让孩子做独一无二的自己，不和别人比较，只和自己赛跑，让今天的自己比昨天的自己更棒！

要让孩子学会和善于发现自己的优势，不与任何人过多攀比，只要与之前的自己相比进步了，就是成功的第一步。要让孩子相信，每一个孩子都是父母眼中最优秀和独一无二的存在。

就像前文提到的乌鸦纤纤，不跟百灵鸟比悦耳的声音，也不和喜鹊比美丽的羽毛和吉祥的寓意。它可以和自己比较，只要今天比昨天有更多成长和进步。让孩子不断地找到自信心，进而再激发自驱力。

爱因斯坦说，自信是向成功迈出的第一步。和自驱力一样，孩子自信心的培养也不是一朝一夕就能够完成的，需要我们耐心培养和悉心引导。孩子可能不会很快发生变化，就像案例中小郭的女儿，从小学一年级开始就不敢在课堂上发言，一开口就心跳加快，双腿哆嗦，声音发颤，直到小学六年级才稍稍好一些。但只要方向正确，再采取恰当的方法，即使过程缓慢最终还是会成功的。

5

就算慢一点，也要让孩子主动去改变

不知从什么时候开始，“快一点”被身为家长的我们当作口头禅，使用频率也逐年上升，我们甚至在不经意间透露出不耐烦，语气中夹杂着浓浓的急切和烦躁，情绪也随之出现波动。

或许我们正在面对类似的情形：孩子吃饭慢，食物在口中咀嚼却迟迟不下咽；写作业时拖延症严重，注意力不集中；起床困难，穿衣洗漱注意力不集中；没有时间观念，上学经常迟到……面对这些情况，我们很难不去说跟“快”相关的语句，比如，别再磨叽了！

殊不知，“别磨蹭”在孩子的认知中，意思是：妈妈不耐烦了，她很生气！

孩子心里大概会想：我又惹妈妈生气了。唉，我怎么一直做不好，看来我真的很慢，妈妈是不是不喜欢我了？她为什么那么凶？

孩子也会出现两种截然相反的反馈：第一种，顺从，变快一些，但内心比较抗拒，心理压力大；第二种，直接反抗，故意更慢了，俗称“破罐子破摔”。

无论哪种反馈都是我们不愿意看到的，因为孩子的反馈是被动的，充满外来压力的，而不是主动的，不是发自内心的。

我们想要培养孩子的自驱力，就是要孩子自己去改变。可以说，没有任何人可以直接驱动孩子改变，除了孩子自己。**任何的外力都只是起辅助作用，只有孩子主动去改变，效果才最好，持续的时间也会更长**。

很多家长不明白，他们做的一切都是为了孩子好，催促他们快一些是为了让孩子知道时间的重要性，懂得要遵守规则。可理想跟现实存在很大差距，孩子大多并不会像家长预期的那样去做，反而会有逆反心理，会故意拖延，做事更慢。于是家长焦虑、愤怒，开始情绪化，一次次要求孩子快一些，可孩子的内心越来越反感。就这样周而复始，完全是“互相伤害”。

很多家长在焦虑和生气的同时还会伤心，认为自己一心为了孩子，为什么他们没有按照自己期盼的那样做呢？

在这里，我们就要提到一个心理学范畴的名词，叫“心智理论”。这是一种能够理解自己以及周围人心理状态的能力，这些心理状态包括情绪、信仰、意图、欲望与知识等。很多心理学术语表面上看会很难理解，但用通俗易懂的语言解释一下后就会比较容易理解。举一个例子来说明“心智理论”：假如我们在工作时出现了很大的纰漏，被直属领导当众批评，我们的情绪瞬间低落、憋屈、懊悔和气恼。为了不让家人担心，回到家后我们隐藏自己的失落，但最亲的人还是会通过我们的神态、语气和肢体语言感知到我们的负面情绪。这就是“心智理论”。

很多时候我们都认为孩子还小，什么都不懂，这种想法是不明智的。其实，小孩子的感知能力比我们想象的要强，他们能分辨出开心或难过，一切伪装在孩子面前都是纸老虎。当我们将“快点”传递给孩子时，虽然我们没说不耐烦，也没有表示嫌弃和着急，但事实上孩子接收的信息就是如此。

晓书的孩子刚上小学一年级，她已经被熊孩子激怒许多次了。起因就是孩子行动太慢：早上喜欢赖床，甚至上学快要迟到了还死活不起床；吃饭的时候不专心，手里一定要拿个玩具，一顿饭要耗费一个小时以上；出去玩没有时间观念，每次催都不想回家；半个小时就可以完成的作业，他要花费两个小时才能完成；洗漱后还想玩，无论如何都不去睡觉……

诸如此类的问题有很多，她的孩子就像蜗牛一般，无论做什么都很慢，她需要有极大的耐心在一旁催促。有一次，她辅导孩子写语文作业，孩子写得很慢，好不容易写完一两句，却又被他拿橡皮擦下去了。反复几次后，她忍无可忍，将那一页被擦得千疮百孔的作业撕了，并且说：“擦！擦！有什么好擦的，你还让不让人睡觉了，这都几点了！你反复擦掉已经写好的，到底想干什么？”孩子很委屈，边哭边说：“我要把每一个字都写得很工整，我和老师约定好了，我也不知道为什么这么慢，我就是写不好这个字啊。”

她的孩子有一点完美主义的心理，想要做好一件事，却要花费大量的精力和时间。孩子认为自己很快，尽最大努力把每一个字写好，但写出来的字有些歪，他想起和老师的约定，于是一次次将写不好的字擦掉重写。但在妈妈眼中，他写作业很慢，耽误了彼此的休息时间。

了解孩子的想法后，当孩子再次拿起橡皮擦掉刚写好的字时，她不再催促，语气也轻柔许多：“宝贝儿，你已经写得很好了，只要认真去写每一个字，那就是工整的。妈妈和你的老师也约定好了，要把你每天写的字都保存起来，等一个月后再翻出来看一看，你就会发现自己在进步，写的字一天比一天好。”

从那以后，孩子还会控制不住去拿橡皮擦，但频率明显降低。由此可见，找到孩子“慢”背后的归因，对症下药，会有意料之外的效果。

从这个案例中我们可以得出一个结论：要求宽松一些，孩子愿意主动做事的概率更大，效果或许也可以更好。与其让孩子快一点，不如让他们慢慢来，等他们主动改变。

给孩子一些属于自己的时间，让他们在自己控制的范围内“合理化拖沓”。慢慢来，家长要激发孩子的内在动机去主动做事，让他们在行动的过程中找到他们的自主感、胜任感和价值感。那么，我们怎样才能让孩子有这三种感觉呢？

自主感，是要保证孩子做的事是自己选择的，是自发开始的。他们可能会很慢，需要一个摸索的过程，但只要是他们自己选择的，就要鼓励他们一直做下去。比如孩子主动拿起碗要刷时，父母不要阻止，虽然担心孩子可能会把碗打碎，但还是要鼓励他们去做。

胜任感，孩子有能力做一件事，同时在做事的过程中得到了良性的反馈，心理上会产生愉悦感和满足感，感觉自己可以胜任此事。当孩子体会到了胜任感，他们对做事的欲望就强烈了。比如孩子参与过年前的家庭大扫除，当孩子扫完地时，父母要感谢孩子主动分担家务，这种做法值得表扬。那么接下来他们就会更有动力去做其他家务。

价值感是指孩子通过做事找到了自我价值感，让他们觉得做这件事是有意义的，他们用自己的力量和方式帮助了他人，并且给他人带来了愉悦。让孩子相信快乐可以传递，友谊也能在交往中升温。让孩子在学校主动帮助同学，譬如给同学讲题、借书给同学、帮同学值日等，这些也可以帮助孩子更好地融入集体。

当孩子拥有以上三种感觉时，他们主动做事的欲望也会大幅提高。

我一直觉得慢一点的孩子就像慢悠悠的树懒，他们生活在自己的世界里，有着独特的认知观念。虽然他们做事很慢，思考和行动都很慢，但是没有关系，只要他们在正确的道路上保持一颗进取心即可。慢一点，真的没有关系，时间会让他们脱胎换骨，终有一日，我们会看到他们的巨大改变。

6

让孩子相信主动努力了才不后悔

努力的意义在于改变，让自己变得更自由，遇见更美好的自己。对于认知水平还处于懵懂阶段的小学生而言，他们其实并不知道努力会给他们的未来带来怎样的变化。对他们而言，努力仅仅是一个在家长和老师口中频繁出现的名词，当他们被要求努力一些时，他们也会去做，但却不知道背后藏着的巨大意义。

大多数孩子都是普通的孩子，他们只有努力才能变得不平凡，才能实现更高的目标和梦想，才能遇见更美好的未来。毋庸置疑，努力是每一个普通孩子完成蜕变和逆袭的唯一途径。当孩子知道了努力的意义，去挖掘努力背后隐藏着的巨大能量时，他们也就找到了唤醒自驱力的途径。

赵霞很注重对儿子的教育，她经常告诉儿子“一分耕耘，一分收获”的重要性，要儿子懂得做事要脚踏实地，想要实现心中的目标，自己就必须努力，拼尽全力去做，这样才不会后悔。但她在与儿子生活和学习的过程中发现了许多问题，比如，当儿子遇到难题时，他会本能地绕开，放弃或寻求帮助。

有一次班级里进行体能测试，按照小组评分，在跑 100 米时，他所在小组的其他同学表现得都很好，唯独他跑步时摔倒，影响了小组的整体成绩。在接下来的跳绳环节，他担心自己做不好而选择放弃。最后等成绩出来时，他发觉其他小组的跳绳成绩普遍不好，于是他又很后悔，心里想着，如果他去完成跳绳比赛，那么小组的成绩一定会排在前面。

在心理学上是这样解释“后悔”的：将真实结果与更好的假设结果进行对比，从而产生消极的情感体验，将不如意的真实结果进行内部归因，进而产生改变真实结果的动机和行为。

后悔是一种充满负能量的归因，将不如意的结果归因到自己身上，从而引发出一种本能的消极情绪。其关键句式是：“如果……就好了”“早知道……我就……”

我们既然知道了后悔的心理学归因，孩子也体会到了后悔的消极情绪，那么就要告诉孩子如何去规避，怎么做才不会后悔。

案例中的赵霞在儿子表达了后悔的心理后，为了让孩子懂得努力的意义，不让孩子再产生后悔的消极情感，她决定周末带他去爬山。

刚开始爬山时，儿子表现得很好，一路上有说有笑，看到了许多美丽的风景。爬到三分之二时，儿子开始喊累，尽管休息数次，他依旧表示不能继续。赵霞让儿子坐下来休息一会儿，吃些东西，补充一下体力。半小时后，儿子的体力恢复了，但他觉得小腿很疼，有些抽筋，无论如何不能坚持了。赵霞没有让儿子再坚持，在帮他揉了一会儿小腿后，就带着儿子下山了。

在景区等车时，儿子发现电子大屏幕上的照片很美，照片中的人物背后的风景是他没有见过的。这时赵霞告诉儿子照片上的景点在山顶，距离他们到达的地方还有不远的距离。儿子这时表现得很懊悔，他看了看妈妈，说："妈妈，如果我刚才再坚持一下，我们是不是就能看到那样的风景了？"

赵霞发现儿子情绪低落，于是笑着摸摸他的头说："孩子，别这样想，坚持也是需要讲条件的，你当时小腿抽筋，身体已经不允许你再爬山，如果勉强去爬，反而会伤害自己。你已经尽了全力，那就没有必要后悔了。假如你的腿没有抽筋，体力完全可以坚持到山顶，在那种情况下放弃，你才有后悔的必要。"

赵霞通过爬山这件事告诉孩子一个道理，她对孩子说："凡事只要努力过，拼尽全力去做过，那么无论结果如何，都不要后悔。反之，做事没有尽力，在自己有能力解决时选择放弃，那才追悔莫及。"

正如王安石在《游褒禅山记》中写道："尽吾志也而不能至者，可以无悔矣，其孰能讥之乎？"拼尽全力却还是不能到达，就可以没有悔意了。

结合赵霞的案例，我们知道了在给孩子进行家庭教育时要让孩子懂得努力的价值，让孩子坚信只有主动努力，才不会后悔。下面我们从几个方面来讲一下家长应该如何去做。

第一，当孩子出现后悔的消极情绪时，要及时引导孩子从负面情绪中走出来，不要让孩子陷入后悔的连锁反应中，避免孩子出现自我怀疑和否定心理。

同时可以用注意力转移法和系统脱敏法帮助孩子克服后悔心理。当孩子出现后悔心理后，家长要及时将孩子的注意力转移到他感兴趣的其他方面，不要让孩子一直处在消极情感中。再用脱敏法循序渐进地引导孩子了解失败与努力的关系，让孩子懂得失败是人生的常态，不要过分在意。案例中赵霞带孩子去爬山，用实例告诉孩子只有努力了才不后悔的道理，这样孩子的记忆会更深刻。

第二，家长要以身作则，言传身教地告诉孩子努力和坚持的意义。

德国哲学家雅斯贝尔斯曾经说过："教育的本质意味着一棵树摇动另一棵树，一朵云推动另一朵云，一个灵魂唤醒另一个灵魂。"家长对孩子的教育是唤醒、打开、点燃和启蒙。孩子是家长的一面镜子，想要孩子成为怎样的人，那么家长要首先成为那样的人。在日常生活中我们也要拿出实际行动来，做事拼尽全力，就算失败了也不要谈后悔，要重新开始，继续努力，用榜样的力量推动孩子主动去努力。

第三，教导孩子懂得一分耕耘、一分收获的意义。

只要主动努力，无论成功与否，我们都会有所收获。失败，我们获得成长，越挫越勇；成功，我们不骄不躁，砥砺前行。我们要告诉孩子尽管努力，剩下的一切都交给时间。

第3章

让孩子敢于探索并学会设定目标

1

如何应对让人头疼的手机游戏

孩子过度依赖电子产品和电子游戏，表面看是由兴趣驱使，实际上是缺乏自律的表现。另外，由于孩子的自我目标不清晰，家长的引导又不到位，也会导致孩子一心投入手机游戏的怀抱。

试想一下，玩游戏时轻松、愉快、尽兴，而被逼迫学习时难受、束缚、浑身不舒服，在孩子的认知水平还很低的情况下，他们当然会选择容易的。

小学阶段的孩子，有人喜欢阅读，有人喜欢踢足球，有人喜欢跳舞，也有人喜欢沉浸在电子游戏里。有的孩子，不让玩游戏就哭闹，也有的孩子从不沉迷于玩手机游戏。那么，是什么使不同的孩子产生不同的兴趣呢？

美国认知教育心理学家戴维·保罗·奥苏贝尔曾提出过认知驱力（cognitive drive），认知驱力是指孩子渴望认知、理解和掌握知识，以及有陈述和解决问题的倾向。认知驱力是一种源于兴趣和爱好的力量。简单来讲，这种驱力就是一种求知的需求，是孩子学习新事物的动机，它源于孩子的好奇心。

好奇心是孩子与生俱来的，孩子在接触周围的世界时，会对新鲜的事物充满好奇心，会主动去探索和认知，渐渐地会找到自己的兴趣和爱好。

对于孩子来说，尤其是对小学生来说，游戏原本就有着神奇的吸引力。很奇怪，就算从来没有人教他们如何玩电子游戏，但当他们接触电子游戏之后很快就会熟练地操作，尤其是男孩。那么这种对游戏的兴趣，甚至说是执着，它从哪里来呢？

有研究人员分析后得出了几个原因。

第一，来自身边人的影响。看过亲近的人玩游戏，孩子会不自觉地产生想试一试的冲动。

第二，自内而外散发出的兴趣。孩子认为游戏很好玩，玩游戏时很轻松，没有学习的烦恼，这种感觉会上瘾。

第三，孩子学习压力太大，想要通过轻松的游戏缓解疲劳。

很多家长不理解，小学生能有多大的压力，他们既不用为生活奔波，也不必为未来担心，凡事有父母做后盾，衣来伸手，饭来张口，现在的孩子过得比他们小时候不知好了多少倍了。诚然，与物质匮乏的过去相比，现在的孩子真的看似物质充盈，精神富足，感觉一切都那么美好；但这只是家长的看法，孩子并不一定会这样想。

我和很多小学二年级的学生交流过，他们可没有我们想的那样轻松和愉快。我总结了困扰他们的问题，主要有以下几个方面：排名最高的是课外班太多，完全没有属于自己的时间；然后是作业太多，玩的时间少；此外，缺少自由，感觉被父母控制，要看爸爸妈妈的眼色行事，做不好爸爸妈妈还会生气；还有一部分孩子认为社交是个难题，他们害怕认识新的朋友，不敢开口，和朋友发生矛盾不知怎么解决，甚至有些孩子遇到校园暴力，被同学欺负……

在家长眼里，孩子遇到的难题似乎很好解决，但在孩子眼里，那些看似微不足道的小事就是天大的事！

我们再回到孩子玩手机游戏这件事，也许在家长看来这没什么关系，可以让孩子玩一会儿；还有些家长认为只要给孩子制定规则，告诉他们不能玩，他们就会乖乖听话，将心思放在学习上，可事实并不是这样。有时我们认为简单的事情，于孩子而言就是一个大写的“难”字！

我们用一个具体事例分析一下。

我同学嘉敏的孩子小威上小学三年级，最近她发现孩子总说看不清黑板，于是带了他去看了眼科，这才发现孩子近视了，还好医生说是假性近视，可以矫正。后来，老师在微信里跟她说孩子上课总打瞌睡，问孩子是不是晚上休息不好，要注意平时的饮食和睡眠，别让孩子熬夜，要早睡早起。

嘉敏觉得很奇怪，小威最近都是写完作业就睡了，怎么会熬夜呢？但是如果不是熬夜，那为什么白天上课会困呢？

她将这件事告诉了丈夫，两人商量后决定等儿子上床睡觉后进卧室看一看。没想到，当他们用备用钥匙将孩子的房门打开时，看到孩子正在玩游戏，他玩得很入迷，以至于房门被打开都没发现。

那一刻，她觉得心中儿子的良好形象崩塌了，儿子没有一点三好学生、优秀班干部的样子！

他们终于知道，儿子已经连续一个月玩游戏。这些天，他以早睡为由进入房间偷玩游戏，手机是爷爷瞒着他们给孩子买的。

嘉敏觉得自己精心培养的三好学生被手机游戏腐蚀了，她狠下心来惩罚小威：没收了他的手机，不和他说话；并让爸爸负责给他讲道理，说清楚学生玩游戏的坏处。

可他们所做的一切都不起作用，孩子开始去同学家玩。后来，游戏已经严重影响小威的学习成绩，他的成绩排名一再下滑。

我们来分析一下手机游戏事件中家长的做法。首先，他们没有及时发现孩子的异常，消息太滞后，错过了引导孩子改正错误的最佳时机。其次，他们发现问题后，没收手机和惩罚，使用冷暴力不和孩子沟通，这是一种很典型的错误示例。最后，他们没有归因，不清楚孩子玩游戏的原因，没有用目标和兴趣将孩子引导到适合的地方。

那么正确的方法是什么呢？

嘉敏察觉到自己的方法解决不了孩子玩游戏的问题后，她对自己的教育方式进行了反思，然后找到我，咨询如何解决孩子爱玩游戏的问题。我对她说：很简单，让孩子不玩游戏，总共需要三步。

第一步，缓和亲子关系。

只有将孩子放在平等的位置上进行沟通，才能找到问题的真正归因。

嘉敏的丈夫和孩子来了一场“男人之间的谈话”，与孩子沟通，询问孩子玩的是什么游戏，为什么对手机游戏那么有兴趣。

嘉敏的丈夫对孩子说：“你不知道玩游戏严重影响到你的学习了吗？”小威则反问了一句：“如果游戏真的那么不好，那为什么你还那么爱玩，妈妈叫你，你都听不到？”

原因找到了，原来每天在小威学习时，爸爸都会躺在客厅玩游戏，时间久了他就产生了浓厚的好奇心，好奇爸爸在玩什么，怎么那样入迷，于是他以查学习资料为由让爷爷给他买了手机，趁着爸妈不注意，晚上偷着玩。

通过这次深度交流和沟通，嘉敏了解到了孩子玩游戏的起因。而由于爸爸和妈妈的态度亲和，语气温柔，没有了说教式沟通，小威的抵触情绪减弱了，亲子关系缓和了不少。

第二步，和孩子一起，协作式解决问题。

解决孩子的问题并不是单纯地下命令和说方法，而是和孩子一起解决，在解决的过程中多归纳和总结。

以往遇到问题，很多家长都会直接告诉孩子解决问题的方法，可以说是传授理论知识，但孩子的问题往往得不到解决。如果孩子不能独立完成，或问题难度系数大，那么我们就应该和孩子一起，通过协作，一起解决。这样通过家长的辅助，孩子逐步建立起自我解决问题的能力。

嘉敏的丈夫和儿子小威约定好一起戒掉手机游戏，不再沉浸在手机游戏的世界里，妈妈做了观察员，监督两个人。

第三步，填补戒掉手机游戏后的空虚，让孩子一天的空余时间充实起来，多一些亲子陪伴。

帮助孩子找到生活和学习的目标，引导孩子将精力放在其他能让他感兴趣的事情上。

嘉敏和丈夫一起增加了陪伴孩子的时间，带孩子去科技馆，去植物园，去外面的世界探索，亲近大自然，感受生活的美好。让孩子切实地体会到除了手机游戏，生活中还有许多有趣的事情。嘉敏告诉孩子："学生就应该以学习为重，学到了知识，眼界自然会拓宽，这个时候你就会觉得生活中还有许多东西比游戏更有趣。"

因为小威对乐高感兴趣，他们就经常带他去上乐高的课程。小威在上乐高课时总是很积极，会按照老师的要求去创新和思考，还会和老师、同学互动，当自己的作品拼好后，还会主动帮助身边的同学完成。回到家后，他不再接触手机游戏，写完作业就会投入乐高的世界，而且非常认真。学习了一段时间后，小威接触到简单的编程，对编程世界有了探索欲和求知欲，这激发了他继续学习的动力和欲望，这也成为他主动学习的驱动力。与此同时，对自己的学习成果很满意，他更自信了。

事实证明，帮孩子找到自己的兴趣，明确自己的目标，对于解决他们沉迷电子游戏的问题很有效果。最后请家长们一定谨记：没有人能让孩子不玩电子游戏，除了孩子自己。

2

如何面对孩子选兴趣班

对孩子兴趣的培养，从古至今从未间断。古人有八大雅事：琴、棋、书、画、诗、酒、花、茶。《周礼·保氏》有云："养国子以道，乃教之六艺。"六艺分别是礼、乐、射、御、书、数。孔子亦提出要弟子学习六艺。

现代教育要求孩子德、智、体、美、劳全面发展，兴趣班便成为培养孩子全方位发展的重要途径。许多家长争先恐后地为孩子报各种兴趣班，有追求数量的，有追求质量的，也有盲目跟风的。各种各样的兴趣班也如雨后春笋般争先恐后地出现在家长面前，那么如何选择兴趣班才能真正让孩子全面发展又乐在其中呢？

美国教育学家斯宾塞认为："身为父母，千万不能太看重孩子的考试分数，而应该注重孩子的思维能力和学习方法的培养，尽量保留孩子最宝贵的兴趣与好奇心。"我们在给孩子报兴趣班时也需要顺应他们的天性，尊重他们的兴趣。

西晋时期，左思的父亲想要他学书法，为此重金聘请了名家指导他写字，但左思对书法没有兴趣。父亲又让左思学习抚琴，他也没有弹奏的兴趣，学习了很长时间也不能弹奏一首乐曲。这时左思的父亲反省了一下，他发现左思性格内向，对文学比较偏爱，于是根据他的特点给请了教诗书的老师。左思在赋诗方面表现出极大的天赋，进步很快，几年后就可以写出漂亮工整的文章。后来，左思的《三都赋》被人传诵，他也成为西晋著名的文学家。

兴趣不会说谎，兴趣是孩子最好的老师。

每个孩子都有属于自己天生的兴趣，尊重孩子的兴趣，孩子会乐在其中；如果不顾孩子的兴趣，孩子则会苦不堪言。左思的父亲最后也尊重了他的兴趣，没有逼他继续学习书法和抚琴，而是全面支持他学习诗词，可见他最终也把孩子的兴趣排在了第一位。

记得在《三湘都市报》曾看到这样一则新闻：

湖南11岁少年5年读了30个兴趣班，因压力大满头白发。主人公陈子豪（化名）7岁时开始长白发，11岁时已是满头白发，陈先生夫妇带儿子去了多家医院，检查结论一致：孩子是因为精神压力过大而白头的。这一结论真是令人瞠目结舌，很多人心疼这个只有11岁的小孩子。

陈子豪对记者说，从小学一年级开始，妈妈就要他轮番上各种兴趣班，5年来，妈妈把他送进的兴趣班不下30个，他每天下午7点回家，写作业到晚上10点，有时刚做完学校布置的作业，妈妈的作业又来了。他说："我从来没有周末。我希望一个星期有8天，因为这样一来，我就不用每天学习到深夜了。"

案例中陈子豪的妈妈就像一只报时鸟，每天把孩子的时间安排得满满当当，几乎没有一刻可以停歇。家长的压力都很大，为了不让孩子输在起跑线上，儿子的同班同学也是上各种兴趣班，家长都认为别的孩子都学了，如果自己的孩子不学，就会落后于人。

从这个案例中可以看出，给孩子报兴趣班一定要适度，不能求多求全，更不要盲目跟风，也要考虑孩子的身体状况，不要给他们太多的压力，以免伤害孩子的身心健康。案例中的陈子豪从上小学开始就处于高强度的状态，强大的精神压力反映到了头发上。

现在，我们总结一下家长应该如何给孩子选报兴趣班。

第一，要尊重孩子的兴趣，顺应他们的天性，给他们足够的尊重，将选择权交到孩子手中。

第二，要根据孩子的特点报兴趣班，家长不要盲目跟风，别人家的孩子报的兴趣班不一定适合自己的孩子。

在给孩子报兴趣班后，我们要观察，看孩子是否真的乐在其中。只要细心观察，多和孩子沟通和交流，我们一定会知道孩子内心的真实想法。因为，孩子的真实表现才是我们判断兴趣班是否报对的依据。

第三，报兴趣班要坚持适度原则，不要贪多求全，有针对性地深入培养，才更能产生良好效果。

第四，家长要管理好自己的情绪，不要将自己的压力传递

给孩子，要相信自己孩子的独特性，不要陷入“剧场效应”的怪圈里。

心理学上的“剧场效应”是指当前排的人站起来看电影时，后面的人也不得不跟着站起来。因为别人都站着，你不站着就看不到电影。报兴趣班与剧场效应相似，当别的孩子奔波于各种兴趣班时，如果自己的孩子不报，感觉就会输在起跑线上。

这是家长焦虑的源头，压力迫使家长不断地给孩子报各种班，而这种压力也会在无形中传递给孩子。我们要做的就是忽略外界的声音，只给孩子报他最感兴趣的，通过兴趣来培养孩子自主做事和学习的能力。我们在有物质保证的情况下，在孩子感兴趣的前提下，给孩子报兴趣班是锦上添花；如果缺乏物质基础，那也不是非报兴趣班不可。给予孩子优质的陪伴，带他们去参加团体活动，可以培养他们的社交能力；和孩子一起，阅读，带他们去户外锻炼身体，也可以达到陶冶情操的目的。

最后，家长们应该明白，兴趣班只是孩子的选修课，孩子还是要以学习校园的文化课为主，兴趣班为辅，只有协调好两者的关系，才能相得益彰，让孩子身心全面发展。

3

激发孩子探索世界的兴趣

探索，是孩子爱世界的一种方式。

生命之初，我们就对这个未知的世界充满好奇，那是出于身体本能的探索。通过触摸，我们感知物质存在；通过认知，我们了解大千世界。芸芸众生，无一不是在探索中了解自己，感知着外部的世界。那么，这股内在的动力会一直持续吗？孩子会永远保持探索的精神吗？

要想保持身体里探索的动力和精神，就需要让孩子找到自己感兴趣的事。兴趣是引导孩子茁壮成长的老师，对不了解的新鲜事物有了兴趣，那么探索的动力就会源源不断了。

当孩子对周围的事情感兴趣时，他们就会产生探索的欲望。家长要做的是帮孩子保留探索的初心，让他们对世界充满期待，从而提高探索世界的动力。

闫莉发现儿子对儿童乐园不感兴趣了，周末休息时还会主动提出去科技馆参观和学习。在科技馆的一整天，他主动向工作人员提问题，面对新奇的事物也不恐惧，会很好奇地观察，积极主动思考。从那以后，儿子每天都有很多千奇百怪的问题，有些问题她可以解答，遇到她不会的问题时，她会和儿子一起寻找答案，去互联网搜索和去问相关的专业人员，或去图书馆翻看资料。渐渐地，她发现儿子的探索欲望越来越强烈，精神世界也非常充实，儿子比以前更爱看书，更愿意交流了。

为了让儿子保持对周围事物探索的热情，闫莉在网上搜了许多神奇的物理小实验。比如，在容器中倒入沙子，再加入白糖和小苏打，用火点燃就会出现黑色的“怪物”；在纸片上画几朵花，将小花剪下来，叠好后放入水中，小花会在水中慢慢舒展开……这些科学小实验很有趣，她儿子非常感兴趣，也乐于和她一起研究背后的知识。除此之外，她还带着孩子去大自然中观察，看美丽的风景，观察动物迁徙，引导他主动思考。

在孩子表现出探索世界的意愿时，闫莉第一时间接收到了孩子发出的信号，并且在实际行动中守护孩子的探索欲。此外，她投其所好为孩子安排科学小实验，让孩子得到科技的启蒙。这是一个成功的案例，母亲让孩子拥有了探索世界的兴趣。

可见，想要激发孩子探索世界的兴趣，家长就要起到积极的作用，给孩子营造良好的学习和探索的氛围。家长需要如何做才能让孩子保持探索的兴趣呢？我们总结出以下几个方面做法。

第一，满足孩子的好奇心。

当孩子探索世界时，千万别打扰和制止，要耐心地陪伴，必要时提供帮助。

当孩子思考或探索新知识时，家长切记不要打断他们的思路，否则会破坏他们的专注力。正确的做法是陪伴，在孩子需要时给予帮助。有时，也要学会做“不知道”家长，让自己适当“笨一些”，和孩子一起探索和学习，让孩子体会到主动探寻结果的满足感。

第二，父母要保持探索的欲望，对新鲜事物充满兴趣，通过言传身教告诉孩子生命不息，探索不止。

学无止境，要将那句俗语贯彻到底：活到老，学到老。告诉孩子任何时间学习和探索都不晚，80 岁老人依旧可以学作诗并出版诗集，这就是学习的力量。家长在引导孩子时要以身作则，和孩子一样对未知的事物保持好奇心。

第三，积极对待孩子提出的疑问，不压制孩子的质疑心。

当孩子冒出“十万个为什么”，家长要有耐心，面对孩子提出的问题，要一一解答，认真负责，绝不敷衍。不要认为孩子问问题耽误学习，这也是孩子自主学习的一部分。

孩子提出疑问的过程也是思考的过程，不要怕孩子质疑，解决他们脑海中的问题最重要。

第四，想要孩子保持探索世界的力量，就要带孩子走进这个世界，去接近大自然，感知人文景观。

亚里士多德曾说过：“古往今来人们开始探索，都起源于对自然万物的惊异。”

大自然拥有其独特的魅力，既可以陶冶情操，也可以勾起孩子探索的兴趣。大自然也拥有神秘的力量，可以提升孩子的审美，培养孩子的想象力。那些贴近自然的孩子更积极，也更懂得生活。

我们可以设定一个家庭日，在这一天带孩子走进大自然，感受大自然的美丽。家长和孩子一起探索自然，欣赏五彩斑斓的景色，认识生机勃勃的植物，探寻活泼灵动的生物，这段记忆对孩子来说也非常珍贵。

第五，让孩子在探索中发现和交流，培养他们主动思考和反省的习惯，这样会提高孩子探索力的持久性。

孩子探索世界的兴趣也存在时效性，我们要抓住小学阶段这个关键时期，引导他们养成爱思考和交流的习惯，将自己的发现和难题拿出来与父母或朋友探讨，然后在探讨和研究中发现自己的不足，从而获得进步。

我们要激发的是孩子持久性的探索欲望，这种探索的驱动力要源源不断地发出，所以就需要不断地给孩子提供支持。讨论、交流，一起研究，这也会让孩子增强团体意识，懂得合作的重要性。

探索周围新鲜的事物也是孩子保持思维活力的有效途径，孩子只有保留了好奇心，童真才能一直存在，而对探索的热爱也会让孩子感到快乐。

牛顿曾经说过：“真理的大海，让未发现的一切事物伫立在我的眼前，任我去探寻。”

探索精神是人类迈向进步的源泉！激发孩子探索世界的兴趣，培养孩子探索世界的精神，是为他们的未来插上光明的指向标。光明所在，就是孩子前行的方向。

4

当鼓励不再管用，该怎么办

马克·吐温是美国著名作家，有一次，他去教堂听牧师演讲。这位牧师很受欢迎，许多人慕名而来。最初，马克·吐温觉得牧师的演讲很感人，准备捐款。过了十分钟，牧师还没有收尾的意思，依旧在演讲，他开始不耐烦，决定只捐一些零钱。又过了十分钟，牧师还在长篇大论，于是他决定不捐款了。等牧师终于结束冗长的演讲，马克·吐温很气愤，觉得牧师占用了他宝贵的时间，他不仅没有捐一分钱还愤然离去。

这个小故事反映出了一个事实，当一个人被刺激得过多、过强，作用的时间过久时，就会出现心里极不耐烦或反抗的现象，这种心理现象就是超限效应。

在家庭教育中，超限效应也时常发生。比如，当孩子不写作业或磨蹭时，家长每次都会使用“快点”加上动作的句式，或者严厉地批评。时间久了，孩子非但没有改正拖沓的行为，反而会无视家长的催促。再比如，孩子犯错，不喜欢按时写作业时，家长会说：“你如果明天还这样，看我不收拾你。”如此一次尚可，长此以往，孩子就会对这句话产生“免疫”，教育自然毫无成效。

鼓励也是如此。积极的心理暗示会使孩子自我激励，孩子会主动去学习，因此我们经常用赞许和鼓励来增强孩子的自信心，可是鼓励过多也会变得无效。

中心小学三年级 2 班新换了一名语文老师，这位语文老师很喜欢创新，经常在微信群里“折磨”家长。比如，让每位同学把作文发到群里，让同学从里面挑出五篇进行评论，最后由老师进行总结。

其中一位学生家长按照老师的要求让孩子点评，在她刚整理好孩子的点评时，她发现其他家长早就发送了点评信息，她随手点开几个后得出一个结论：这绝不是小学三年级的孩子能写出来的评语，是家长替孩子点评的。她没有像其他家长那样帮孩子写点评，而是把自己孩子稚嫩的点评内容发了出去。

这时语文老师开始发语音点评学生的作文，她先是发出一篇写得最好的，对其进行了长达三分钟的表扬，使用频率较高的话是“我太喜欢某某写的文章了，怎么能写得那么好，你们都要好好读一读”。在点评了一圈后，她再一次将那位同学的作文赞美了一番，并且鼓励她以后要多写。

这位家长听了之后觉得语文老师的表扬方式太过了，不仅次数过多，时间也过长，已经让人产生反感了。她也询问了孩子的想法，孩子说：“某某写的作文确实很好，但我觉得老师的评价太假了。”

这是一个三年级小学生反馈的信息，对于老师的鼓励和赞美，他觉得有些过了。老师的本意是好的，想要通过赞扬和鼓励来激励其他同学写出好作文，但过犹不及，她没有坚持适度原则，过多的鼓励和赞扬只会适得其反，达不到理想的效果。

那么当鼓励和赞美无效时，我们该怎么做才能让孩子主动去学习、做事，去努力提高自驱力呢？

其实，再多的鼓励也都是外在的，最佳途径还是激发孩子的自驱力，让他们愿意去做的，想要学习的和做的事情都是他们真正感兴趣的，这样才能达到预期的效果，孩子的自驱力自然也会得到提升。

5

让孩子主动设定成长目标

目标像一座灯塔，它可以给迷失方向的人指明方向；目标像一台发动机，让没有动力的人拥有动力；目标是我们努力的意义，驱动我们向着梦想的方向前行。

从心理学的角度来看，目标是一种内部动力，促使个体朝着目标努力。引导孩子设定目标，让他们养成良好的习惯，朝着目标去努力，这是培养孩子自驱力的最佳方式。

美国的管理学家埃德温·洛克认为，有专一目标，才有专注行动。

目标可以激发孩子内在的行动力，让他们专注地做事和学习。可当目标的设定不合理时，则会起到相反的作用。

我有一位读者，她的孩子上小学五年级，孩子的学习态度一直很好且认真努力，成绩也很稳定。但她还是非常焦虑，担心孩子考不上重点高中，为孩子未来的学业忧心。于是她给孩子设定了比之前高很多的目标，将孩子课后的时间安排得很满，带孩子上很多补习班，生怕孩子松懈下来。但是她越着急，孩子的表现越达不到她的期望值，距离她给孩子设定的目标也越遥远。原本她的孩子在班级能排前三名，后来排在班级中游。更让她感到无力的是，她的孩子对学习失去了兴趣，并对学习产生了严重的排斥心理。

这位母亲懂得目标的重要性，也给孩子设定了目标，但目标太大，孩子无论怎样努力都达不到，反而打击了孩子的自信心，甚至让孩子产生了逆反心理。那么什么样的目标才是合理的呢？应该如何设定目标呢？

关于目标，在心理学中有个著名的“洛克定律”，是指当目标既是未来指向的，又富有挑战性的时候，它便是最有效的。那么应该如何界定设定的目标是否合适呢？洛克认为合适的目标需要具备三点特征：**一是目标的具体性，二是目标难度合适，三是目标的可接受性**。

我们不妨分析一下案例中母亲给孩子设定的目标，与从前相比，目标太高，很难完成，不被孩子认可，并且让孩子很反感。可以说，母亲给孩子设定的目标不符合洛克定律中目标难度合适和目标的可接受性的特征，因此也就不能达到预期的效果。

其实，设定合适的目标，道理与当初确定篮球架的高度很相似。如果篮球架有两层楼那样的高度，那投进球是非常不容易的；反之如果篮球架与人的高度相同，那投进球就太过容易，这样就不会有人热衷于打篮球了。正是因为篮球架的高度跳一跳就可以够得着，才会让篮球成为世界性的体育项目。这告诉我们，吸引人的目标是“跳一跳就够得着”的，这样高度的目标才会激发人们的热情，调动人们的积极性，让他们努力和奋斗。这就是“篮球架原理”，我们要引导孩子设定的就是这种“有高度的”目标。

那么，我们要怎样引导孩子设定“有高度的”合适目标呢？

首先，对于小学阶段的孩子，他们对目标的设定还需要家长和老师悉心引导。

我们教会他们设定目标的原则后，要将主动权转交到孩子手中，鼓励他们独立设定自己的生活和学习目标。目标驱动的对象是孩子，家长只是起到辅助作用，主要动力还是来自孩子。只有孩子主观性地认定了一个目标，这个目标才会成为他们前行的灯塔，给他们带来源源不断的驱动力。

其次，当孩子主动设定目标后，家长可以给出合理化意见，让孩子决定是否对目标进行微调。

在完成既定目标的过程中，要定期总结和反省，必要时，可以根据实际情况调整目标，让其更具合理性。

当孩子设定好目标时，家长有责任帮其把关，查验目标是否可能达到，难易程度是否合适。如果目标很大，我们可以引导孩子将大目标拆分成几个小目标，循序渐进地完成，并且写明每一个小目标的完成步骤，这样可行性更高。如果目标太难，孩子拼尽全力也完不成，那么一定要及时调整，要让孩子有一种“跳一跳就够得着”的感觉，努力一下就能成功，这会激发孩子的主观能动性，他们也会愿意主动去挑战。

最后，在孩子落实成长目标的过程中，家长要给予陪伴，和孩子一起达成目标，必要时给孩子适当的鼓励和支持。

目标设定好后，孩子在执行的过程中也会遇到各种问题，如果处理不好，就会影响孩子做事的驱动力。这时，我们就需要给予孩子恰到好处的关心，通过沟通和交流知道孩子的困难点，并引导他们面对和解决问题。

案例中的母亲从这件事中吸取了经验和教训，她试着将主动权交给孩子，鼓励孩子自己设定成长目标。她的孩子设定了一个可以完成的目标：期末考试要冲进全班前十名。为了实现这个目标，她又设定了各科的小目标，例如每一学科要达到什么样的分数。渐渐地，母亲的焦虑和担忧少了，孩子的压力也消失了。孩子会主动设定学习和生活目标，懂得了劳逸结合，不仅学习成绩提升了，性格也开朗了许多。

“钢铁大王”安德鲁·卡耐基曾经说过：“如果你想要快乐，设定一个目标，这个目标要能指挥你的思想，释放你的能量，激发你的希望。”合适的目标对于孩子来说就是一种激发他们努力的动力，让目标去唤醒孩子的自驱力，给他们指明学习和奋斗的方向。

第4章

通过阅读来激发孩子的自驱力

1

为什么提倡阅读，它的真正价值是什么

许多家长都致力于培养和引导孩子自主阅读，并通过亲子共读来培养孩子良好的阅读习惯。不可否认，阅读有利于培养孩子的自主学习能力，但一些小学生对于阅读的认识还不够充分，缺乏课外阅读的时间，并且把读课外书当作任务，他们还没有体会到阅读的真正意义和价值。

我曾经对自己身边的100名家长和100名学生进行问卷调查，以研究小学生的阅读现状。对家长的调查结果显示，有高达89%的家长认为课外阅读有利于扩展孩子的视野和知识的积累，且对于提高孩子的学习成绩有帮助；有9%的家长认为阅读有用，不反对读课外书；只有2%的家长认为读课外书会耽误学习，尤其对于即将小升初的小学生来说，应该减少课外书的阅读。

对100名小学生的调查结果显示，只有46%的学生会做阅读笔记，其中坚持做笔记的只有12%；有39%的孩子不会做任何笔记，读过后很快就忘了；还有15%的孩子阅读时不专心，想着赶紧完成任务出去玩。

在阅读时间上，有些孩子会主动安排自己的时间，会挑选自己喜欢的书，但这部分学生只占 18%；有 65% 的学生是按照家长安排的时间来阅读，并且绝大多数书籍都是家长给孩子挑选的；还有 9% 的孩子在消磨阅读时间，在父母安排的阅读时间里并没有认真阅读，认为阅读这件事是父母逼迫的，对阅读没概念；当然，还有 8% 的同学对阅读有清晰的认识，觉得阅读非常有意思，他们还主动练习写作文，向报纸和杂志投稿，这部分同学的学习成绩优异，作文也经常得高分。

以上数据显示，很多家长都意识到了阅读的重要性，并且对孩子如何阅读、阅读什么以及阅读时间都有一个规划，他们大多认为阅读可以改变和影响孩子的成长。但是绝大多数的孩子并没有意识到阅读的价值和力量，很多孩子甚至把阅读当作老师和家长布置的任务，认为阅读是必须完成的作业。因此，在这部分孩子眼中，阅读只是被动完成的任务，是语文考试当中价值 20 分的阅读理解，因此他们缺乏主动阅读的自驱力。

莎士比亚曾经说过："书籍是全世界的营养品，生活里没有书籍就像没有阳光。智慧里没有书籍就像鸟儿没有翅膀。"

雨果也说过："书籍是造就灵魂的工具。"阅读是我们打开知识之门的基础，那么对于小学生，阅读的价值是什么呢?

第一，阅读可以激发孩子探索知识的兴趣，这会成为孩子身上最持久的驱动力。

比尔·盖茨在 7 岁的时候就很痴迷《世界图书百科全书》，他对书中描写的东西很感兴趣，会经常连续两三个小时阅读书上的内容。他对书籍的喜爱源自内心的兴趣，而在不断阅读的过程中，他的这种兴趣会更浓厚，这是相辅相成的关系。

很多孩子不知道阅读的意义，只是按照老师和家长的要求按部就班地阅读，那是因为他们没有找到阅读的原动力。我相信，每一个孩子都有自己擅长或感兴趣的领域。看着自己感兴趣的书籍，他们会进入一个全新的世界，会深入了解自己感兴趣的事物。一旦产生阅读的兴趣，他们会主动花时间去阅读。在这个过程中，兴趣也是可以加深和巩固的，这就是一种良性循环。

通过阅读，孩子可以找到自己的兴趣所在，这是他们继续探索知识的驱动力，一旦兴趣和阅读习惯产生，就不需要老师要求或家长催促了。

第二，阅读能让孩子学会思考，培养良好的思维习惯，锻炼动脑的能力。

孩子在阅读的过程中难免会遇到自己不懂的问题，那么相应地脑海中就会产生“十万个为什么”，当孩子在思考问题时，他们的大脑是在高速运转的，良好的思维习惯也会在这个过程中逐渐形成。

在孩子思考的过程中，我们也可以给予恰到好处的帮助，引导他们多思考、多总结，借鉴书中解决问题的方式。这跟小时候看绘本是一个道理，孩子通过绘本来发散思维去思考，在实践中，他们也会学习和模仿绘本上主人公解决问题的方式。

第三，孩子可以通过阅读来增强理解能力，这样可以清除其他学科中的一些学习障碍。

有很多小学生的理解能力比较弱，做题时，题目其实不难，但最开始理解错了，最后导致题做错了得不到分。阅读可以增强孩子的理解能力，孩子读的东西多了，理解力也会逐渐增强。此外，所有学科都是通过文字来表达知识内容的，大量的阅读会使孩子在学习其他学科时有更好的理解力。

当然，阅读也可以提升孩子的写作能力，在看书的过程中，他们会积累大量的素材，比如故事、词汇以及表达方式等，当他们写作时就会借鉴和模仿，不断提升自己的写作水平。

第四，阅读可以增强孩子的人际交往能力。

不爱阅读的孩子语言表达能力会低一些，视野也相对狭窄，对事物的看法也有限，而经常阅读的孩子语言表达能力会更强。在阅读时，他们会通过朗读、摘抄、讨论等方式获取知识。在这个过程中，孩子会更加自信，表达方式会更恰当，在不断地学习和练习中，人际交往能力也会增强。

第五，阅读可以使孩子更自律，也有利于孩子品格的培养和塑造，“腹有诗书气自华”就是这个道理。

经常阅读的孩子会有自己的“阅读生物钟”，从小养成阅读的习惯后，他们会在固定的时间阅读，有些孩子会在清晨或睡前看书；有些孩子会利用碎片时间阅读，比如将书装进书包，坐地铁时看或在餐厅等餐时看；还有一些孩子会在固定的时间去图书馆或书店看书。无论哪种情况，这些孩子都有阅读的习惯，且会很好地安排自己的阅读时间。

越会规划自己时间的孩子，往往自律性会越强。试想一下，一个小学生每天拿出一个小时的时间阅读，那么十年之后，他的阅读量是非常惊人的。

读万卷书，行万里路，阅读的好处还有很多，我们应该让孩子从根本上意识到阅读的重要性，体会到阅读的价值和意义，这样才能促成孩子去主动阅读。

2

为什么有的孩子无法爱上阅读

如今，大部分家长都很注重培养孩子阅读的习惯。有些孩子非常喜欢看书，会主动选择喜欢的书，自己规划阅读时间；而有的孩子就是无法爱上阅读，只要一看书就会打瞌睡。那么，为什么有些孩子无法爱上阅读呢？

唯物辩证法教导我们，事物的发展变化是内因和外因共同作用的结果，内因是事物发展变化的根据，规定了事物发展的基本趋势和方向；外因是事物发展不可缺少的条件，外因通过内因起作用。对于孩子无法爱上阅读这件事，我们也可以通过内因和外因来分析。为了更好地理解，我们来看以下的一个故事。

朋友姜慧的儿子晓明上小学后语文成绩一直都不好，她一直都在想方设法让孩子喜欢上语文，爱上阅读。可儿子就是不爱看书，每次拿起书来看，没过十分钟一定会分心，东看一下西瞅一下，再过一会儿，干脆就去和周公聊天了。

为了提高儿子的写作水平，姜慧专门去书店买了老师推荐的优秀作文选让孩子读。刚开始儿子觉得很新鲜，会看几页，可是过了几天就把书丢在一旁了。她没有办法，开始强制要求他每天读两篇，并且要将优美的段落背下来，每天晚上检查他掌握的情况。没想到孩子对看书产生了逆反心理，妈妈越让看，他就越抵触，被逼无奈，也只是拿着一本书磨洋工，将妈妈规定的时间磨过去。

姜慧也试过亲子共读，但她和孩子无法互动，孩子不喜欢读她选的书。好不容易一起读了一本书，她让孩子写读后感，但孩子拖延了七天才写出六个字：很好看，有意义。

为了让孩子爱上阅读，她看了许多书，也反省了自身的做法。但书中讲的方法应用在她孩子身上时就变得无效了。如果让孩子自己选择喜欢的书，她就觉得孩子选的书与学习无关，担心孩子选不好，一旦走偏了，看了对学习起不到什么作用的书，也不利于孩子树立正确的价值观。

后来她释怀了，没有像从前那样强制孩子阅读了，让孩子自己安排业余的时间，孩子反而在玩累时会拿起一本书看。她看了看那本书，是她买的《本草纲目》。她很奇怪，问儿子："你为什么会喜欢看这本书啊？"儿子指了指书里的图，说："我在奶奶家见过这个，这是枸杞，奶奶家的院子里有种。"

姜慧发现孩子对绘本类的书感兴趣，于是又给他选了一些适合小学生看的绘本来阅读。为了让孩子更容易理解书中描写的重要历史人物，姜慧带他去看相关的影片，告诉他那个朝代的风土人情，有合适的机会也会带他去文化古都西安和洛阳，实地讲述书中发生的历史故事。

不得不说，这样引导孩子爱上阅读的确很有效果——通过在大自然和古都中理解书里的故事，孩子对阅读更感兴趣了。

在实地感受许多书上写的风土人情后，孩子会主动想要把自己看到的记录下来，但他发现自己写不出来，他向妈妈表达了自己遇到的困难。这个时候姜慧将优秀作文选拿出来，让他看一看其他小朋友是如何写类似的文章的。到了小学六年级时，她的儿子终于爱上了阅读，也会主动提出让妈妈买自己喜欢的书。

现在我们分析一下这个案例中的孩子为什么不爱阅读，可以从内部原因和外部原因分析。

首先，内部原因起决定作用。

案例中，晓明对作文书不感兴趣，并且语文成绩不好，由于作文写得差，他感觉压力很大，情绪很不好，还产生了逆反心理。而他看的书都是妈妈帮忙买的，自己没有决定权，这些都是他无法爱上阅读的内因，总结起来有以下三点。

第一，孩子对阅读不感兴趣，书的内容没有产生足够的吸引力。

兴趣是提高孩子自驱力的重要因素。孩子对阅读没有兴趣，书里的内容不吸引他，他就没有看下去的动力，因此，各种问题就会显现出来，譬如，语文成绩差，不会写作文，写日记也是记流水账，读书就犯困，心不在焉。

第二，学习压力大，有情绪问题。

小学生的压力也很大，这一点绝不容小觑，要引起家长的重视。面对学习的压力，孩子难免会产生情绪问题，比如不爱笑、消沉，做事没兴趣、爱发脾气。这个时候如果有来自外力的作用，比如强制阅读，他们就会产生逆反心理，就更难爱上阅读了。

第三，缺乏自主选择权，认为阅读只是一种“作业”。

很多家长都会为孩子精心挑选一些书，但在孩子眼里，那些书只是家长和老师喜好的，他们没有得到尊重，也没有自主选择书的权利。比如，在书店他看到一本喜欢的书，想要家长买，但家长却说：“家里的书还没看完呢，不给买！”但是家里的书是妈妈挑选的，孩子并不喜欢，也不愿意读，就算读了，也是把读书当成其中一项作业。

其次，外在的因素也是影响孩子阅读的重要原因。

前文的案例里，晓明都是在家里读书，没有很好的读书氛围。他们更喜欢踢足球，亲子阅读更像是“亲子监督”，跟妈妈在一起有被监视的感觉。此外，他长期处于一种被逼迫阅读的状态，这种逼迫反而将他推到一个不爱阅读的状态。

结合晓明的案例，我总结出以下几点影响孩子爱上阅读的外在因素。

第一，缺少阅读的氛围，孩子阅读需要一个适合的环境。

小学生的自控力相对来说还是差一些的，在这一阶段，他们的行为习惯和认知能力还在不断地塑造中。而如果孩子对书本内容缺少兴趣，阅读本身对孩子来说是比较枯燥的。孩子看书时需要静下心来慢慢看，用心看，边看边思考。如果周围的环境存在干扰因素，比如父母在客厅看手机，尽管是静音，孩子也很难投入阅读中去，注意力会分散。我们可以带孩子去图书馆或自习室看书，没有了外界的干扰，孩子也会很快进入阅读状态。

第二，身边的人没有阅读习惯，孩子没有榜样，阅读动力自然低。

很多家长反映孩子上小学后语文成绩不好，需要培养孩子的阅读力，但他们发现这太难了。孩子的阅读习惯要从小开始培养，小时候不爱看书，等到了小学想要改变这一现状，就会难上加难。

案例中的晓明小时候就不喜欢静下心来看书，总想着和其他小朋友踢足球、玩滑板。等到了小学，妈妈开始跟他一起读书，但亲子阅读在孩子眼中变了性质，他认为妈妈是在监督他，他很不喜欢，阅读的动力也越来越小。正确的做法是家长和孩子一起阅读，家长要以身作则，给孩子树立榜样。

第三，家长错误的引导和教养方式，比如逼迫和强制，要求和命令，这都会抹杀孩子对阅读的兴趣。

很多家长在尝试过很多方法后，就会陷入教养的误区，认为孩子需要管教，给他们制定规则，孩子严格执行就可以了。可这恰恰掐断了孩子阅读的兴趣。逼迫和强制可以让孩子在短时间内妥协，但从长远来看是不利于孩子阅读力的培养的。

第四，电子产品的影响，手机或电脑游戏、短视频，还有电视，这些都是影响孩子提升阅读兴趣的因素。

我见过有的孩子在地铁上看书，有的孩子坐在妈妈身边浏览短视频，这其实都是一种习惯。有的孩子认为看电视和短视频很有意思，也有的孩子沉迷于手机游戏，这些孩子认为这样做可以更快地获得满足感。孩子在电子产品方面花费了时间，那么用在阅读上的时间自然就少了。而且有了对比之后，他们会发现书本太枯燥乏味，远没有视频那样生动有趣。这个时候孩子就会认为阅读很累，一点儿都不好玩，这是错误的认知。

当孩子不爱阅读时，我们不妨反思一下自己的教养方式，我们是否做到了给孩子一个恰到好处的引导，是否像要求孩子那样严格要求自己。我认为，好的教育是言传身教的过程，我们要找到孩子不爱阅读的原因，同时也要了解自己的不足之处，不断改进和完善，这样才能让孩子慢慢爱上阅读。

3

通过阅读激发孩子学习的自驱力

西汉的经学家、文学家刘向在他的著作《说苑·建本》中提到了学习和读书是一生的事，指出每一个人生阶段都应该学习。原著中这样写道：

晋平公问于师旷曰："吾年七十，欲学恐已暮矣。"

师旷曰："何不炳烛乎？"

平公曰："安有为人臣而戏其君乎？"

师旷曰："盲臣安敢戏其君乎？臣闻之：少而好学，如日出之阳；壮而好学，如日中之光；老而好学，如炳烛之明。炳烛之明，孰与昧行乎？"

平公曰："善哉！"

把它翻译成现代汉语大意就是：

晋平公问师旷："我年近七十了，想要学习，恐怕已经晚了。"师旷回答说："为什么不炳烛而学呢？"晋平公说："哪有做臣子的戏弄君主呢？”师旷回答说：“双目失明的我怎么敢戏弄君主呢？我听说：年少的时候喜欢学习，好像是太阳刚刚升起时的阳光；壮年时喜欢学习，好像正午时的阳光；老年时喜欢学习，好像是点燃蜡烛照明时的光亮。点燃蜡烛照明，与摸黑走路哪个好呢？”平公说：“说得好啊！”

这段古人的对话说明，想学习什么时候都不晚。要像朝阳一样，从小爱学习，多读书，也要像烛火一样，哪怕在迟暮之年学习，也可以熠熠生辉。而学习的普遍路径是阅读，阅读能够为我们打开学习知识的大门，在阅读中，我们可以汲取自身需要的养分，找到自己的兴趣和目标，并且朝着理想不断地前进。在这个过程中，自驱力也会被一点一点激发出来。

雨果曾说过：“书籍是造就灵魂的工具。”由此可见，靠阅读来获得书籍中的养分是很重要的。

小学阶段是培养孩子良好阅读习惯的重要时期，家长可以引导他们多看书，让他们从书中获取感兴趣的知识，从而激发他们的兴趣和爱好，唤醒他们对知识的渴望。

有“股神”之称的沃伦·巴菲特就是一个从小热爱阅读的人，他在年纪很小的时候就有成为富翁的梦想。他目标明确，喜欢看经济方面的书，通过阅读大量的书籍来获取知识，进而付诸实践。

巴菲特从 10 岁开始就对股票产生了浓厚的兴趣，从那以后，他每个周末都会认真阅读《巴伦》杂志的交易专栏，在将父亲书架上的所有书籍看完后，又读完了当地图书馆里所有关于投资的图书，并且在 11 岁时就购买了第一只股票。

巴菲特在小的时候被当地人称为“书虫”，他那时就养成了一个非常好的习惯，遇到难题或不懂的问题，会主动阅读，从书中找到答案。

可以说，阅读为巴菲特打开了通往投资世界的一扇窗，他通过阅读激发了内心的自驱力，日复一日地朝着自己的目标去努力，去学习，去探索属于自己的世界。

那么，我们家长应该如何通过阅读来激发孩子主动学习的自驱力呢？

第一，尊重孩子的选择，让孩子挑选自己感兴趣的书，给他们提供物质和精神支持。

朋友的侄子不爱看书，会抱怨妈妈帮他挑选的书不好看，他根本读不进去，每次被逼无奈地坐在书桌前读书时，他都会很不开心，感觉没有自由。跟妈妈一起去书店时，看到喜欢的书他也会要求妈妈买，但每次都以失败告终，因为妈妈认为他挑的书对考试没有帮助，怕看多了耽误学习。

其实，这个时候不妨先培养孩子的阅读习惯，如果孩子的幼儿时期没有把握住，那么小学阶段仍旧可以弥补。让孩子选择自己感兴趣的书阅读，当孩子可以静下心来专注地阅读后，再慢慢引导他们多读一些好的书籍。

不要担心孩子感兴趣的书籍对学习没有帮助，任何领域的书都可以为孩子打开了解世界的大门。只有孩子养成了阅读的习惯，不排斥阅读，爱读书，那么他们才有了阅读的主动性。

第二，帮助和引导孩子读万卷书，行万里路，做到知行合一。

书本上的知识可以给孩子的探索世界提供养料，在孩子汲取书本知识的同时，也要多带孩子出去走走，去大自然和社会中感知这个真实的世界。

晓昕就是一个爱看书的女孩儿，她的家里有一个大大的书柜，里面放满了她读过的书，她还会和朋友分享读书的喜悦，探讨从书里学到的知识。节假日时，父母会带着她去旅行，去看外面的世界，当书上描绘的景物出现在眼前时，她觉得非常兴奋，还会兴致勃勃地写游记和感受。

读万卷书和行万里路是缺一不可的，二者要一起做，最后才会达到相辅相成的效果。那些读过的书，走过的路，看过的风景，都会在孩子的心中沉淀，成为他们丰厚的底蕴。

第三，做好阅读的深耕，让阅读融入学习和生活里。

行为心理学认为，习惯是人的第二天性。当孩子养成阅读的习惯，会主动阅读时，就需要家长适时地进行“阅读深耕”活动了，让孩子的兴趣从书本转移到实践课上。比如，孩子爱看文学类的书，可以给孩子报一个文学兴趣班，或者鼓励他们多写、多练习，往杂志或报纸投稿，实现他们的文学梦。如果孩子热爱大自然，爱看这一类的书，就可以带他们去自然博物馆或科技博物馆，让他们深入了解自己感兴趣的事物。

根据孩子在阅读上的兴趣和爱好，给他们提供深入探索的机会，创造条件让他们主动去深入学习和思考。阅读可以激发孩子主动学习的自驱力，通过阅读，孩子有更广阔的视野，会逐渐形成成熟的认知，从而对自己、对周围的一切有着更客观的认识。

阅读习惯好的孩子，他们往往会主动探索和学习未知的东西，当遇到难题时，他们也会通过阅读和思考，主动寻找答案，学习的自驱力也会在阅读中慢慢养成。现在，就让孩子养成阅读的好习惯吧！

4

抓住通往孩子精神世界的纽带

越来越多的年轻家长意识到了阅读的重要性，并且开始推崇亲子阅读。因为和孩子共读一本书，就是连接了一条通往孩子精神世界的纽带，可以增进家长与孩子之间的感情，缩短彼此的距离。

很多家长都愿意和幼儿期的孩子共读一本书，给他们讲故事。等孩子到了小学阶段，家长认为孩子可以独立读书了，不需要一起阅读了，其实这样的想法是不明智的。

其实，在孩子成长道路上的每一个重要阶段，亲子阅读都是不可或缺的。下面我们来看一个真实的案例，看一看亲子阅读会给孩子带来怎样的改变。

张倩在女儿 6 个月时就开始给她买各种各样的绘本，还经常抽时间和她共读一本书。女儿经历了咬书、撕书、扔书到摸书、翻书、看书的转变过程，15 个月时就能自己选绘本看了。张倩每次给女儿讲故事时，女儿都很乖地坐在她怀里听，时常指着书上的图重复她说的话。2 岁后，女儿更是听着她讲的故事入睡。在幼儿时期，女儿就很喜欢到绘本馆看书，还会主动要求妈妈购买喜欢的绘本。

等女儿上小学后，张倩也迎来了事业的上升期，由于工作繁忙，她没有时间陪孩子一起读书，她也认为孩子长大了，而且已经养成了自主阅读的好习惯，不需要亲子共读一本书了。有一天，女儿拿着一本书站在她面前问："妈妈，你知道食蚁兽为什么开不好餐厅吗？开餐厅真的很复杂吗？"

张倩回答不出女儿的问题，因为她不知道女儿正在读的书是《食蚁兽的餐厅》。后来女儿又提出几个问题，她都回答不出来，她这才意识到自己已经与女儿的思想严重脱节了。在她忙于工作的时候，女儿已经读了 10 本书。她了解到，女儿在读完一本书之后想和从前一样与妈妈讨论，但是每次妈妈都很忙，没有时间陪她看书。女儿是这样对她说的："妈妈，我喜欢跟你一起看书。"

从这个案例中可以看出，当孩子通过阅读获得新的知识时，他们渴望得到父母的积极反馈，与父母分享自己的收获。亲子阅读在孩子的任何阶段都有必要，孩子最需要家长的陪伴。

张倩了解了女儿的需求后，她陷入了沉思，自己是不是忽略了孩子的感受？是不是应该抽出时间继续陪孩子一起读书？

于是，她重新做了家庭和工作的时间规划，不将工作的情绪带回家，每天抽出半小时的时间陪孩子一起阅读、交流和分享读后感。她发现自己做了改变后，工作的效率提高了，家庭生活也更融洽，女儿自主学习的劲头也明显提升。

父母与子女之间的感情是需要维系的。我们和孩子处于不同的精神世界，孩子在自己的时空自由前行，亲子阅读就是一条维系我们和孩子的精神纽带，让我们在彼此的精神世界相聚，交流和思考。可以说，亲子阅读造就了一个精神平台，让两个世界的人在某一时刻有了短暂的连接。

现在，让我们一起总结一下亲子阅读对于孩子和家长来说有什么重要意义吧。

首先，我们可以通过亲子阅读与孩子建立联系，让亲子关系更加亲密。

孩子需要通过阅读来拓宽视野，增加知识储备；父母需要通过阅读融入孩子的精神世界，增进亲子关系。我们提倡亲子阅读，和孩子共读一本书，在一起阅读的过程中寻找精神世界的共鸣，碰撞出思想的火花，感悟文字带来的美好感受。

在进行亲子阅读时，我们和孩子的精神世界是相通的，我们可以在交流中了解孩子的内心，感知他们的情绪，这能更好地满足他们的情感需求。

其次，阅读能让我们不止一次感知到生命的可贵，孩子也让我们回归童真，用孩子的视角看世界，许多难题都会迎刃而解。

在与孩子读一本书时，我常会对孩子的思维感到惊艳。他们的思维简单，却藏着最难得的质朴，一切复杂的事情在孩子眼中都变得很容易。我们来看一段很有意思的对话，感知一下孩子令人惊艳的思维。

“我们领导可烦人了，我工作不开心。”

“小姨，你可以换个工作，或更加努力工作成为领导，这样你就不用抱怨了。”

“那我换什么工作呢？你能帮我找个工作吗？”

“可以啊，咱们小区正好缺个门卫，他的工作可简单了，只要来车时抬一下杆儿。”

“那一个月多少钱啊？”

“得有 2000 多吧。小姨，你别嫌少，这个工作轻松啊！想要赚得多就得累一点。就像书里写的，‘欲戴王冠，必承其重’，是一样的道理。”

就像上面的对话一样，我们可以感知到孩子的思维比我们更清晰。陪伴是相互的，我们陪孩子一起长大，孩子陪我们慢慢变老，在这个过程中孩子也能教会我们许多。

最后，亲子阅读时，孩子会对自主阅读更有兴趣，这样可以增强孩子的自信心，锻炼孩子的口语表达能力，让孩子主动思考和提问，也能加深孩子对阅读内容的记忆。

因此，亲子阅读也是培养孩子自主学习的一种方式。

亲子阅读不只是为了满足孩子听故事的需要，也不只是开发孩子的智力和兴趣，它还会发展融洽的家庭关系，让孩子在爱和关怀中成长和学习，它会让孩子切实地感受到：爸爸和妈妈很爱我。孩子在和父母一起阅读时，他们不只是在阅读书籍，还是在阅读父母的行为和情感，这对孩子日后的成长是有重要作用的。

5

培养孩子独立思考的能力和习惯

在我国经典古籍《礼记·中庸》中有这样的内容："博学之，审问之，慎思之，明辨之，笃行之。"这些实际上都是在强调独立思考的方法。唐代的韩愈也强调："行成于思，毁于随。"

科学家爱因斯坦曾说过："被放在首要位置的永远应该是独立思考和判断的总体能力的培养，而不应该把获得特定知识放在首位。如果一个人掌握了所学学科的基础理论，并且学会了如何独立思考和工作，他必定会找到他自己的道路。"爱因斯坦就是将独立思考放在首位，最终成为一名伟大的科学家的。

可见，让孩子从小养成独立思考的习惯，培养他们独立思考的能力真的很重要。那怎样才能更好地培养孩子独立思考的能力和习惯呢？其中有一个很重要的方法就是运用批判性思维。

批判不代表坏事，它是一种技能，是指辨明和判断。批判性思维就是通过仔细评估面对的事实和大脑中的想法，来决定相信什么和怎么做的过程。这种思维是合理的，是反思性的。

孩子在面对发生的事情和大脑中的想法时很容易出现认知偏

差，容易受他人观点的影响，无法判断自己听到的或看到的是否正确，不知道应该相信什么。这个时候就可以运用批判性思维，通过验证和评估事实与想法，从而得到一个合理的结论，这会成为孩子判断事实或想法的依据。锻炼这种思维最好从小做起，从日常生活中的主动批判和思考开始。

我的朋友魏杰就将这种思维应用到了日常教育孩子的过程中。有一次，儿子在放学时接到了一张免费玩游乐场的宣传单，回家后儿子把宣传单交到他手中，满脸兴奋地问："爸爸，我们能去这里玩吗？"

魏杰看了看宣传单，他没有直接给出答案，而是向儿子提出另外一个问题："你仔细想一想，如果我们准备去游乐场，我们应该注意什么？"

儿子想了想后回答："要注意安全，和爸爸妈妈在一起，不要走丢了。"魏杰紧接着又跟孩子探讨了以下几个问题：为什么游乐场要售票呢，票价还不便宜？如果游乐场免费接待游客，那么它会有安全保证吗？设备检修是否过关？一个免费的游乐场，一定会有很多人，人多了之后会不会影响游玩的体验？

魏杰不断地给孩子提出问题，又引导孩子自己提出疑问，然后就所提出的问题进行讨论。在这个过程中，孩子会意识到"免费"这个词带有太多的陷阱，"免费"不是理所当然的，一定存在原因。鼓励孩子不断地思考、讨论和分析，这样，去不去游乐场以及相信与否，就都有了答案。

等到下一次孩子再收到免费上补习班或兴趣班的信息时就会

主动地、独立地思考，评估消息的可信性。在这个过程中，魏杰还教会了孩子如何评估。告诉孩子可以搜集材料，向正规机构咨询或寻求老师和家长的意见，当准备工作做充分后，孩子就能独立地做出决断了。

生活中还有很多方法可以锻炼孩子的批判性思维，比如，孩子在阅读时发现作者用错了字，就可以引导孩子思考：出版的实体书也会有错别字吗？进而引导孩子去查字典，问老师，和同学交流来获得答案。最后，孩子发现作者用对了，这个字在特殊的语境中表达的是特定的意思。

家长还可以让孩子思考：为什么读书？为什么上学？如果不读书，还有更好的方法获取知识吗？如果没有，那么就要努力读书，用功学习。

家长不要害怕孩子提出疑问，也不要担心孩子问的问题父母回答不出来。父母可以守拙，也可以真的不知道答案，聪明的家长要和孩子一起搜集资料，通过思考来评估发生的事情或存在的问题，一起寻找问题的答案。这也是培养孩子批判性思维的过程，虽然很慢，但很有效果。

在生活中，我们也应像魏杰一样，锻炼孩子独立思考的能力，培养孩子的思辨力。通过上述案例，我总结出以下几点方法来帮助孩子养成批判性思维。

第一，当孩子展现出批判性思维时，父母不要过分在意自己的权威，要积极地、耐心地和孩子探讨。

孩子展现出批判性思维时，比如，妈妈在喝奶茶，孩子看到了也要喝，但是妈妈告诉孩子“这是大人喝的，小孩子不可以喝，喝了会肚子疼”。这时孩子会质疑，眼睛里写满了不相信，会说：“骗人，为什么只有小孩子喝了会肚子疼？”

我们可以和孩子探讨、解释，就算最后得出的结论是父母说错了，那也没关系，孩子的思维在讨论的过程中得到了提升。切忌敷衍了事，为了不让孩子哭闹而顺着他们去说，这样孩子的批判性思维会慢慢消失。

第二，教孩子一些思维方法，让他们学会举一反三，这样他们以后遇到类似的问题就可以迎刃而解了。

父母在解决生活中的问题时也要运用批判性思维，这样可以潜移默化地影响孩子，让孩子在生活中获得经验的积累。可以先和孩子一起合作，先给予适当的提示，再放手让孩子自己去思考。等接触了不同的观点和不同的领域，孩子的思考能力也会递进升级。

第三，帮助孩子认识自己，了解自己真正的需求。**孩子只有知道自己想要什么，才会做出最恰当的选择**。

孩子在思考时，脑海中应该有一个框架，这个框架就是他们的思维模式，只有清楚地知道自己内心的需求，思考的方向才能摆正。

第四，父母要教会孩子积累和搜集论证的方法。

比如利用网络搜索信息，去图书馆翻阅资料，和朋友沟通交流，咨询相关的专业人员，向有经验的人请教等。

最后，我想对广大家长说，培养孩子独立思考的能力需要长期进行，要让孩子多看书，常实践，从书本中来，到实践中去。只有掌握了独立思考的技能，孩子在面对社会上各种纷繁复杂的信息时才不会受蒙蔽，才能在众多信息中去伪存真，面对问题时才能找到最恰当的解决方法。

第5章

如何培养学习的自驱力

1

好的学习习惯比考试成绩更重要

早就有教育专家指出，好的学习习惯会影响孩子的一生。小学阶段是孩子学习习惯养成的重要时期，这个时期的关键是培养适合孩子成长节奏的自主学习力。

提到学习，很多家长会很自然地联想到网络上流行的一句话：“不写作业，母慈子孝；一写作业，鸡飞狗跳。”很多家长标榜的励志名言是“学海无涯苦作舟”和“头悬梁，锥刺股”；而孩子期待的是快乐教育，是在一片温馨祥和氛围之下快乐学习。学习理念的不一致导致了父母与孩子之间矛盾的出现，而写作业就成为亲子矛盾激化的契机，给“亲子战斗”提供了平台。

古语有云：“积行成习，积习成性，积性成命。”好的习惯确实可以影响人的命运。那些学习习惯好的孩子，通常会自主学习，他们在写作业时，家里就不会发生“鸡飞狗跳”的情况。

诚然，习惯对孩子的影响很深远，但他们对未来的概念是模糊的，很多孩子不知道未来是怎样的，也不知道现在做的对未来有何意义。那么首先，我们就要引导孩子去思考：为什么要养成好的学习习惯？学习是为了谁？

学习是一个动词，动词前面的主语是孩子，也就是说，完成学习这个动作的主体就是孩子，学习所要服务的对象也是孩子。当家长和孩子明确这一事实时，家长和孩子因为学习产生的矛盾就不存在了。

正如心理学家阿德勒所说：“一切人际关系矛盾都源于对别人的课题妄加干涉，或自己的课题被别人妄加干涉，只要能够进行课题分离，人际关系就会发生巨大改变。”

在一定意义上，写作业和做课题是相似的，“鸡飞狗跳”是源于家长干涉了孩子的“课题”，当家长干扰孩子写作业时，孩子会感觉到自己的节奏被打乱了，自由被剥夺了，权利被限制了。明智的做法就是进行“课题”分离，家长将孩子的作业交到孩子手里，不再妄加干涉，不再指手画脚。

而当家长意识到这一点时，他们又会钻进思维的牛角尖：孩子太小，不会独立完成作业，家长一定要做好监督工作。其实，孩子自主学习力的培养与小鹰学习飞翔是一样的，父母教会方法后，一定要放手让孩子自己去做和尝试，哪怕失败，也要坚持。只有摔倒过，才会知道如何站起来。自主学习力也需要孩子在经历一次次碰壁后才能得到提升。

当孩子明确了学习是为了自己后，家长就要引导他们养成良好的学习习惯。将写作业的时间交给孩子，鼓励他们自主规划学习时间，当他们遇到问题时，家长再伸出援手进行帮助和引导。这样做之后，写作业再也不会引发“鸡飞狗跳”，孩子的自主学习能力提高得更快。

美国心理学家威廉·詹姆士认为："播下一个行动，你将收获一种习惯；播下一种习惯，你将收获一种性格；播下一种性格，你将收获一种命运。"

自主学习就是一种好的学习习惯，那么好的学习习惯会给孩子带来什么呢？

最直观的结果就是孩子的学习成绩得到提高。有研究表明，孩子的自主学习能力与成绩是成正比例的，自主学习能力越强，学习成绩越好；相反，自主学习力不足，学习习惯不好，学习成绩就低。

许多中考和高考状元取得高分的秘诀就是从小有良好的学习习惯。比如：从小学开始就不熬夜，每天 9 点之前睡觉，到了初中和高中最晚也不超过 10 点入睡，这样就保证了充足的睡眠。从小学就保持字迹工整，卷面整洁，可以赢得阅卷老师的好感。从小坚持用思维导图做笔记，将老师在课堂上讲的知识点进行梳理，将关键点写在思维导图上，从而方便记忆。

下面我们一起来看两个关于学习习惯的例子，这样会更直观地看到学习习惯对孩子未来的影响。

蒋怡就是一个从小有良好学习习惯的女孩，从小学开始就早睡早起，每天有规划地学习和做事，学习效率很高，经常在完成文化课后还会有充足的休闲时间，能做到劳逸结合，让学习变成一件开心的事，不会有一点儿抵触情绪。她一直坚持这样的学习习惯，学习成绩从小学开始就很好，在班级名列前茅。这种习惯一直延续到高中，她最后以优异的成绩考入了重点大学。

而徐雷的学习习惯很不好，没有做好时间规划，学习桌永远是乱的，各科的卷子和练习册堆积在书桌抽屉里，每次想要找出一本书来都要很久。他上课不认真听讲，下课不复习，晚上回家只想看电视，一写作业就打瞌睡，不写作业就精神百倍。很自然，他的学习成绩也很差，初中毕业后便去了职业高中，早早地进入了社会。

对比上面两个例子可以看出，是否拥有好的学习习惯对孩子学习成绩的影响是很明显的。因此，要引导孩子养成良好的学习习惯。

叶圣陶先生曾经说过："什么是教育？简单一句话，就是养成良好的习惯。"

习惯一旦养成，孩子内心就会有一个隐形的时间表，行为就是一套自动化的动作，他们会主动学习，不需要家长和老师刻意监督。他们会按照学习习惯来安排自己的一切。

我认为，教育的本质是让孩子在快乐中学到对自己有用的知识，除去在学校学习的知识，教育还应培养孩子自立和自律的好习惯。习惯的力量很强大，它可以重塑一个人的性格，改变一个人的命运。让孩子从小培养好习惯，他们才能自主地攀登学习生涯中的一座又一座高峰。

如果孩子有学习上的坏习惯，家长需要及时纠正。比如，孩子每次写作业都拖延，不是在找卷子，就是在找橡皮，时间都浪费在作业之外了，写作业用半小时，找东西用半小时。这个坏习惯要及时纠正，家长可以给孩子买各科卷子或习题的资料袋，将资料分门别类存放好，另外要教孩子学会整理书桌，保持书桌整洁。

再比如，孩子记不全老师留的家庭作业，每次都需要家长再去群里问老师或别的家长。这个问题要交给孩子自己解决，让他们为自己的疏忽和“记不全”承担责任，可以让孩子自己去问班里的同学，去问老师；他们如果不问，那么就先不管，等孩子第二天上课时就会被批评。这种方法可以激起孩子的羞耻心，为了不被批评，下一次，他们就会认真记录老师留的作业了。如果孩子依旧存在记不全作业的坏习惯，那么家长就需要花费时间和他友好沟通，和孩子讲道理，告诉孩子这件事的重要性。

在学生时代，好的学习习惯可以提升成绩，但更重要的是，好习惯也可以塑造良好的性格。学习成绩只代表一时的成果，养成终身受用的好习惯才是更重要的事情。

2

如何让孩子学习的后劲儿更足

“我家孩子学习后劲儿不足，刚上小学时还好，年级越高越跟不上老师的教学进度，感觉很吃力。”

“我家孩子也是，小学前三年还可以，后几年尤其是小学高年级，衔接初中学习的时候跟不上，初中的课程比小学难很多，我很担心他上了初中成绩下滑，中考那一关过不了。”

“男孩子前期都学习不好，别看女孩子现在学习很好，但她们后劲儿不如男孩子，到了初中和高中学习好的还是男孩子。”

我在与家长沟通孩子学习的问题时，很多家长普遍反映孩子学习的后劲儿不足，没有冲力。后劲儿不足就好比 5000 米长跑中，开始阶段冲劲儿十足，自信心满满，可到了后期出于各种原因蓄力不够，到冲刺阶段便失去了力气，最终跑不到终点或越跑越慢。我跟踪访问了很多家长，最后发现了几点影响孩子学习后劲儿的原因。

第一，提前找老师补习，而不是自主预习。

我们首先要明确一点："超前补习"与"自主预习"有着本质上的区别。很多家长愿意找老师补习新学期的课程，让孩子提前学一遍新课本的知识，他们认为那样有利于孩子接受新知识，等孩子再次听老师讲课时就不会感到吃力。这种做法有利有弊，而且利弊是因人而异的。有些孩子自觉性高，比较自律，提前学习的确有助于学习成绩的提高。但有些孩子提前学了新知识，等再听到老师在课堂上讲课时就会产生一种错觉：这些知识点我都学过，就算不注意听老师讲课也没事。

我们都知道，学生在课堂上的专注力不足，那一定会影响学习成绩。我一直都提倡自主预习，让孩子主动预习新知识点，将不懂的地方标注出来，等上课时要认真听讲，遇到不懂的下课主动询问老师或同学，这样做更能巩固吸收新知识。自主预习要比超前补习更有效果。

超前补习只会给孩子带来短暂的学习效果，低年级的孩子或许可以受益，但年级越高，超前补习的弊端就越明显。

第二，学习方法不对，注重题量和时间，却不注重质量。

很多孩子看似很努力，每天学习的时间很长，他们往往会做大量的习题，但不会分析和总结做错题的原因，靠海量刷题是达不到掌握知识点的目的的。小学阶段的知识量少，有些孩子可以靠刷题取得高分，但到了初中、高中，这种方法就不奏效了。

第三，缺乏自主学习力，靠家长和老师推着走，"学心"被压制且目标不明确。

第四，学习习惯不好，喜欢“临阵磨枪”，小学阶段知识量少，勉强可以应付，一旦进入初中、高中，就会显得后劲儿不足。

第五，“贴标签”现象依旧存在，个例不能被当成常态，会扰乱孩子的心性。

类似于“女孩子到了后期都会后劲儿不足”和“男孩子到了后期一定能赶上女孩子”，这样的话对于孩子来说很不友好，让孩子会产生焦虑或优越心理，这都不利于他们潜心学习和厚积薄发。

在了解孩子学习后劲儿不足的原因后，我结合小学阶段孩子的特点，总结出以下几点提高孩子学习后劲儿的方法。

首先，让孩子意识到：好的学习习惯比成绩更重要。

小学阶段的学习只是孩子学习道路上的“新手练习”，真正考验学习能力的是初中和高中，所以小学阶段的学习习惯非常重要。课前预习，课后复习，错题整理，勤学多问以及大量阅读，这些看似简单，但坚持起来有难度。家长可以在这几个方面培养孩子的学习习惯，带着他们一起走上“学霸路线”。

其次，培养孩子主动思考能力，不要被动“刷题”，要思考出题者的思路，以及考查的是什么知识点。

动脑思考比“机械刷题”更有效果。时间和题量不是提高成绩的有效方法，与其做 10 道题，不如深挖 1 道题，将习题的知识点掌握透彻，会举一反三，那么这 1 道题发挥出的效果远比那 10 道题要好。要让孩子知道：做题不是目的，掌握知识才是终极目标。当孩子能够分析出习题考查的知识点时，他们就相当于掌握了一个技能，那么做对题的概率就会提高。

此外，很多孩子喜欢靠死记硬背来记知识点，这种学习方法短期可以，但长期效果不明显。年级越高，越要靠理解力和思考力。因此，从小就要让孩子锻炼理解力和思考力，当他们在学习其他知识时也会自觉地思考和分析，这从长远来看是非常有必要的。因此，在孩子日常学习中，家长就要注意引导孩子勤学好问，多思考，用成长型思维看待学习问题。

最后，关心孩子的心理健康。要想把亲子关系维护好，家长就必须学习一些心理学方面的知识，这样可以帮助孩子度过成长叛逆期，提高孩子对学习的专注力。

近几年，孩子的心理健康问题越来越受到家长和老师的重视。当叛逆期出现或心理出现问题时，孩子的学习成绩往往就会出现下滑。那么守护好孩子的心灵健康就成为我们的首要任务，任何事情都没有孩子的健康重要。父母与孩子的关系好，家庭氛围融洽，孩子本身积极乐观，在这样的成长环境下，绝大多数孩子的学习成绩都会很好。

因此，家长也需要在闲时给自己充电，掌握一些儿童心理学相关的知识，从儿童情绪和人际交往等方面入手，预防孩子出现相关的问题，必要时也能够积极地引导和帮助他们。

作为家长，我们都想孩子取得优异的学习成绩，但孩子的成长过程中有着太多的不确定性，我们能做的就是竭尽全力和孩子一起度过这可贵的学生时期。当孩子后劲儿不足时，我们用恰当的方式去引导，协助他们度过学习的“迟缓期”。

3

关键时刻，帮孩子清除学习障碍

在家长头疼孩子的学习问题时，孩子也有同样的困扰。学习这件事注定要耗费两代人的精力，虽然孩子是学习的主角，但家长也需要在关键的时刻帮助他们清除学习的障碍。

那么，在孩子学习的路上究竟有哪些障碍和困难呢？我们先一起看一看当下小学生的烦恼。然后，我们再一起思考困扰孩子的因素有哪些。

“我听不懂老师说的话，她讲得太快了，作业也记不全。很多知识别人都听懂了，只有我没听明白，我不敢问，害怕同学们笑话我是傻瓜。”

“我总把英文字母和汉语拼音读混，很多字都不认识，字写得也不好看，我觉得自己太笨了。”

“我记不住老师讲的东西，学习的生字在课堂上会了，但第二天就忘了，课文读不熟也背不会，学习对我来说太难了。”

“每次考试的时候我都想上厕所，而且手心出汗，特别紧张。

考完试就好了，那些不舒服的症状就消失了。”

“我总感觉有一双眼睛在监视我，无论我做什么，不管自己做得好不好，我都会感觉有很大的压力。我还害怕被其他同学比下去，怕老师不喜欢我，不过我最怕的是发卷子的时候，我能感觉到自己心跳加快。”

“我太累了，不想说话，我只想把自己关在屋子里，谁都不要跟我说话，也别理我。”

从这些小学生的叙述中我们不难发现，困扰他们的问题主要集中在两个方面：知识掌握程度和心理素质。知识掌握程度是“硬件”，是孩子学习和成长过程中必须获得的技能，学习和吸收老师在课堂上所讲的文化知识，需要运用到孩子的记忆力、学习力、专注力、思考力等。心理素质是“软件”，它包括孩子在学习过程中可能遇到的情绪问题、抗压心理以及逆商能力等。

我曾经分析过实验班的学生成为学霸的必要条件，他们无一例外都具备较好的“硬件”及“软件”。不管是文化知识储备还是心理素质，他们都是同龄人中的佼佼者。一言以蔽之，如果每一个孩子都能扫清学习道路上的障碍，那么他们就都有成为学霸的可能。

下面我们来看一个真实的案例，看看这位家长在面对孩子学习障碍时是怎么做的，家长和孩子是如何一起渡过难关的。

王亮的儿子在小学二年级时出现了厌学的迹象，上课时注意力不集中，经常走神，不思考老师提出的问题，还十分抗拒考试，每次考试时心里都会觉得很不舒服，想要逃离考场。此外，他回到家不复习功课，不写作业，不爱和父母相处，经常将自己关在房间里，拒绝任何沟通，但爱偷看杂志。

面对儿子的叛逆与敌对，王亮并没有用强硬的手段来解决，而是耐心地和孩子沟通。他没有单刀直入地谈学习，而是引导儿子说感受，慢慢地让他主动说出不爱学习的原因。经过几次耐心的沟通，儿子终于和他说："我本来也挺想上学的，因为去学校可以和同学一起玩。但我听不懂老师讲课，别人都懂了，我还是不懂。我还特别害怕考试，每次考试都心跳加快，手都在发抖，根本写不了字。我觉得自己和别人不一样，我真的是太笨了。爸爸，我不想学了，反正学也学不明白。"

在了解儿子的状况后，王亮发现儿子是由于知识掌握不好而产生了一系列心理问题。想要从根本上解决孩子的烦恼，就需要从心理问题入手，不要让孩子对考试和学习产生焦虑心理。

首先，王亮用系统脱敏法和自我暗示法来缓解儿子对考试和学习的恐惧感和焦虑感。他告诉儿子考试并没有想象的那样可怕，可以把它当作一次小测验，考试只是检验知识的掌握程度，考试结束后并不会发生可怕的事情，不要紧张。

他告诉儿子下次考试时可以试着这样做，坐在教室里对自己说："别害怕，也别担心，放轻松，深呼吸……"他用想象的方式帮助孩子对考试进行脱敏训练，时间由长到短。让孩子想象考试的情景，并且深呼吸，反复试几次，孩子的恐惧感就会减少。在这个过程中，王亮是和儿子一起完成的，其间，他握着儿子的手，他想要儿子记住这种被保护的感觉，等再考试时就不会再害怕了。

其次，引导孩子宣泄出藏在心底的负面情绪，不要让坏情绪影响行动力。长期处于负面情绪的孩子会产生自卑和抑郁的心理，心理状态不好。王亮通过带孩子去参加体育运动来发泄体内的坏情绪，通过沟通交流来让孩子倾诉内心的不安和恐惧。

最后，当孩子的心理问题慢慢缓解后，压力和恐惧也不那么强烈时，他再想办法提高孩子的学习成绩。

当孩子对学习不排斥时就要逐步扫清学习的障碍，因此王亮和儿子一起讨论和制订了学习的计划。他开始慢慢引导孩子复习，找出书本中的知识点，对于其中的重点和难点进行加深记忆，多讨论不会的难题，锻炼孩子的思考能力。此外，他还给儿子报了补习班，利用课后的时间消化课堂上学的知识。

经过几个月的努力，王亮的儿子终于对学习不排斥了，能够充分利用在学校的时间学习，专注力也有了很大提升。他考试时的不适感也不那么强烈了，虽然考试时还会有一点紧张，但不会影响答题。虽然他的学习成绩依旧不理想，但他的自信心却增强了许多，也有了学习的动力。

王亮对儿子的改变表示很欣慰，他坚信教育是一个漫长的过程。在他眼中，他的孩子就是最优秀的，未来有着无限的可能。

从上面的案例可以看出，孩子在学习时难免会遇到困难和烦恼，家长应该在必要的时候给他们提供帮助，从心态上引导孩子乐观应对，让孩子减轻心理上的负担，轻松上阵。我们也可以站在孩子的角度思考问题，和他们一起找到解决困难的方法，共同扫清学习上的障碍。其实，这也是一种陪伴，值得我们所有人尝试。

4

养成自主设定学习目标的好习惯

你的学习目标是什么？

“期末考试考到学年前十名。”

“多多提升数学成绩。”

“增加课外阅读量，提高英语的语感，有机会参加学校的口语演讲比赛。”

“两周之内完成寒假作业，一周内做完所有课外活动。”

“利用寒假的时间背200个单词。”

“每天听一个小时英语，每天做一道应用题。”

越来越多的家长鼓励孩子设定学习目标，让孩子对自己的学习有一个清晰的规划，从小培养他们养成主动设定学习目标的好习惯。可孩子在实际设定学习目标时又会遇到许多问题，比如，目标不清晰、太空泛，目的性不明确，难度大不好实现，缺乏截止日期，对完成时间的界定模糊等。

孩子在做事或学习前都应该先设定目标，因为目标就像灯塔，可以指明前进的方向。下面我们就先讲讲“目标学习法”。

“目标学习法”是美国心理学家布卢姆提出的，他认为只要有最佳的教学，给学生充足的时间，大多数学生都可以取得优良的学习成绩。下面我给大家举一个案例，来帮助理解“目标学习法”。

小学三年级的英语老师给偏科严重的莉莉设定了一个学习目标：这次期末考试的英语成绩提高 30 分，达到 60 分以上，其中，拼写提升 5 分，作文提升 10 分，看图连线提升 5 分，听力提升 10 分。这个目标明确、具体、可操作性强，符合莉莉的实际情况。有了这个目标，莉莉在学习英语时更有动力了，也找到了方向，不会像以前那样无从下手了，考试前的复习也有了针对性。最终，在期末考试中莉莉的英语考了 70 分。

从莉莉的案例我们看到了学习目标对孩子学习的引导作用，既然我们都知道设定学习目标很重要，那么应该如何引导孩子设定合理有效的学习目标呢？在这里我们引入一个管理学概念——SMART 原则，S 即 Specific，M 即 Measurable，A 即 Attainable，R 即 Relevant，T 即 Time-bound，这是美国学者彼得·德鲁克在《管理的实践》中提出的。

设定学习目标也要遵循 SMART 原则：明确具体、能够衡量、可实现、与其他目标相关、有明确的截止日期。

现在，我就以文章开头小学生设定的学习目标为例进行分析说明。

第一，学习目标是否明确具体（Specific）。

这里强调目标不能泛泛而言，要清晰明确。比如“期末考试考到学年前十名”和“多多提升数学成绩”就不够具体，目标太空泛，会让孩子感到无从做起。可以改成“期末考试每科成绩考到 90 分以上”和“数学分数达到 80 分以上”，目标具体化后，孩子可以通过明确的目标去学习，更有针对性，效果也更佳。

第二，学习目标是否可衡量（Measurable），即目标是不是可以度量。

文章开头的“增加课外阅读量，提高英语的语感”就不可度量。我们不知道什么标准能达到目标中的“阅读量”，它无法衡量，也考评不了“语感”。可以将目标修改成“每周读一本书，一个月读四本书，每周熟读三篇英语课文”，将目标量化，就能衡量出目标的完成率。

第三，学习目标是否可以实现（Achievable），即查看目标的难易程度。

“两周之内完成寒假作业，一周内做完所有课外活动”就属于很难完成的目标，孩子无论如何都不会在两周之内完成所有的寒假作业，设定这样的目标毫无意义。好的学习目标应该是孩子努力一下就能完成，太难或太大的目标会让孩子望而生畏，反而打击孩子的自信心。可以将寒假作业分成几部分，每周完成一部分，这样既可以锻炼孩子预估作业完成的时间，又可以让他们养成自律的好习惯。

第四，学习目标有无相关性（Relevant）。

学习目标之间应该是有关联的，由小及大，循序渐进。比如“利用寒假的时间背 200 个单词”，背单词这个目标与其他目标没有关联，是孤立的存在，背单词之后的目的是什么？为什么要背单词？可以改成“背 200 个单词后独立写一篇英语作文，要求用到新单词里的 20 个”，这样背单词就与写作文相关了，孩子也知道了背单词的目的。

第五，学习目标有没有时限性（Time bound）。

设定目标的同时要注意规定截止时间，否则，这个目标完成的时间就变得遥遥无期——孩子看不到未来，也展望不了目标完成后的喜悦。“每天听一个小时英语，每天做一道应用题”这个目标就没有规定时间，对孩子来说太痛苦了，只要睁开眼睛就会被这个无期目标折磨，相应的动力也会不足。不如改成“两个月内，每天听一小时英语”，孩子就会感到欣喜许多。

我认为，一个完美的学习目标的设定要符合两个条件：**一个是学习目标符合 SMART 原则，另一个是设定目标的主体必须是孩子**。鼓励孩子主动按照 SMART 原则设定学习目标，那么孩子的学习力将会更强。任何事情，只要与“主动”发生关联，那么就会有持续不断的原动力。

我曾经调查过一个补习班里的孩子设定学习目标的情况，我问他们的学习目标是什么，学习目标是不是自己设定的。有 80% 的孩子回答他们的目标是家长帮忙设定的，并且目标过大，很难完成。只有 20% 的学生会自己设定学习目标，并且他们设定的目标很符合 SMART 原则，这一部分学生的学习成绩普遍都好，自律性强，规划性也较强，会相对合理安排自己的学习和生活。相应地，他们的思维也比较活跃，上课的积极性更高，会主动提问或思考。而那些按照家长设定的学习目标学习的孩子，他们学习的积极性不高，努力度不够，后劲儿不足，成绩也较低一些。

事实证明，学习目标是孩子自己设定的，那么孩子就有一种无形的动力，他们会克服困难，努力实现。正如美国哲学家艾默生说过：“一心向着自己目标前进的人，整个世界都会给他让路。”

让孩子养成主动设定学习目标的好习惯，这不仅有利于孩子学习成绩的提高，更有利于激发孩子的自驱力，帮助孩子在未来拥有更好的竞争力。

5

只有主动学习才能成为学习的主人

对于孩子来说，掌握一种技能远比单纯地接受父母给予的成果要好，学习不仅是持续一生的事，还是一种重要的技能。

孩子在人生的每一个阶段都需要接触和学习大量新的知识，只有从“被动学”变成“自主学”，才能取得更好的效果。如果孩子拥有了学习的自驱力，也就等于掌握了核心竞争力，它是一种可以陪伴孩子终身成长的能力。

如果把孩子的成长比喻成一棵大树的生长，那么学习的自驱力就是大树的根系，在生长过程中不断向下延展来吸收营养，根基扎得稳而深，大树自然枝繁叶茂。孩子也是一样，拥有了学习的自驱力，他们在面对新知识或难题时就能更容易地去应对。

哈佛商学院的柯比教授（W.C.Kriby）曾说过：“唯有主动的学习力才能真正提升学习效率，成为学习的主人！”他还说过，大部分学校是在岸上教学生游泳，或者直接跳入水里和学生一起游泳，而哈佛则是直接把学生扔进水里，让他们自己去学。

事实证明，填鸭式教学和催促式教学已经不再管用，我们可以借用哈佛的教育理念，试着让孩子掌握自主学习的本领，并且不要过分催促，以免给孩子带来太多压力，影响他们的心理健康。

患有轻度焦虑的同事付丽在孩子出生时就已经在考虑，如何才能让孩子好好学习，同时也在焦虑："现在中考只让一半的人上高中，如果我的孩子上不了高中去当了工人怎么办？"因此，从孩子踏进幼儿园大门开始，她就制订了一系列提高孩子学习成绩的计划，给孩子报各种课外班，下定决心要让孩子全面发展。在孩子上小学前，她给孩子报了补习班，提前学小学一年级的文化课。甚至为了让孩子去更好的学校上学，她斥巨资购买了学区房，拖着怀孕的身体跑建材市场订购装修材料，与此同时还不忘督促女儿抓紧时间学习。她给女儿灌输时间宝贵的思想——小学时光转瞬即逝，要抓住每一个可以提升学习成绩的瞬间。她的孩子现在是小学五年级，眼中闪烁着与同龄人不一样的"沉稳"，并且与她妈妈一样很焦虑。

我曾经和付丽聊过孩子教育和学习上的事情，指出她陷入了一个教育的误区：一味地催促和监督孩子学习，会破坏孩子的创造力，磨灭他们童年的快乐。可她却坚持认为：逼得越狠，孩子就能越成功，长大后就会越有出息。她说："别看现在孩子苦一点，将来她要谢我的。"

我不得不承认，付丽是一位伟大的母亲，可以为了孩子付出所有。可她采用这样的育儿方式，就像在孩子成长的道路上挖了一个巨坑，当孩子到了叛逆期，或是到达了心理承受能力的极限，那么一切还会如她所愿吗？孩子会如她所说的感谢她吗？

父母给予孩子的压力过多，对孩子掌控的力度过大，其实对孩子的成长和学习是无益的。现在付丽也常说女儿不爱说话，不太愿意与她交流，可她依旧沉浸于自己的教育方式里。不得不说，有些家长对自己的教育理念真是盲目又“自信”。

后来，当付丽发现女儿长时间不愿意和她交流，精神越来越消沉时，她也产生了自我怀疑，意识到自己的教育方式存在问题，但当她感受到来自学校、其他学生家长、女儿的学习成绩单的压力时，她还是会固执地坚持之前错误的教育方法。其实催促式学习很耗费家长的心血和精力，而且对孩子产生不利的影响。与其执着于不正确的理念，不如让孩子自己学，培养他们的学习自驱力。

经过一段时间的学习和观察后，付丽发现女儿的学习状态很不好，也越来越不爱与她沟通和交流，于是她找到我，向我咨询如何提升孩子的学习自驱力，我给她提了以下四点建议。

第一，让孩子充分利用在学校的宝贵时间。

学校教育是孩子获得知识的主要途径，因此一定要让孩子在课堂上专注，认真地吸收老师讲的内容，课堂上专注十分钟强过课后练习一小时。

在培养孩子课堂专注力方面有两个秘诀：一个是制定有意思的规矩，学生才能喜欢遵守规矩；另一个是老师讲课的时间越短，学生就越不容易溜号。现在小学的课程设计得越来越吸引人，目的就是引导孩子把注意力放在课堂上。

第二，抓住课后的“黄金时间”。

这是要做好孩子的家庭教育工作，家长要给孩子营造一个适合学习的环境，让孩子做好课后的复习，完成老师布置的作业。需要时，家长可以给孩子报补习班，让专业的人给孩子讲解他们没学明白的知识点。

第三，稳住孩子学习的主体地位。

要让孩子成为学习的主人，可以转变角色，让学生当老师。创造机会让孩子将自己学到的知识教给身边的人，可以和孩子做角色互换，让孩子当老师，给其他同学或家长讲学过的知识。这个过程不仅可以巩固孩子所学的知识，还能调动孩子学习的积极性，让学习不再枯燥无趣。

第四，我们可以借鉴学霸的学习方法，但也要稍加改变，根据孩子的实际情况合理地借鉴，最终找到适合孩子的学习方法。

下面我介绍几个行之有效的学习方法。

· **归纳总结法**：温故而知新，及时将所学的知识进行归纳和总结，将知识点梳理一遍，不懂的问题标记好。做一道题时，可以总结出其中考查的知识点，再遇到类似的题时就能举一反三。

· **整理错题集法**：将每次考试做错的题整理成册，每一个学科一个错题本。在每一道错题后标明容易做错题的选项，这道题考查了哪些知识点，正确的选项是什么，为什么选择它。定期翻看错题本来巩固知识，下次遇到相似的问题就会解答了。

· **高效率听课法**：充分利用课堂时间，紧跟着老师的思路，不要溜号，注意力集中。

· **黄金十分钟法**：下课后的十分钟非常重要，可以将自己上课没弄懂的习题记录下来，及时找老师询问。

· **分享讨论法**：不要吝啬自己的学习时间，多和身边的同学讨论，分享解题方法，讨论和分享的过程也有助于巩固自己掌握的知识。

当孩子拥有了学习的自驱力后，他们就会成为潜在的优等生，学习也不再是困扰家长和孩子的难题，而会变成愉快的挑战。

第6章

引导孩子完成自由向自律的转化

1

自由与约束的边界在哪里

在家庭教育里，我更提倡自由教育。其实就是在教育和引导孩子时，给孩子更多自由的空间，让孩子在自由中学习和成长。

为了让大家更好地理解自由的作用，在此引入一个心理学的有趣现象，叫“鱼缸法则”。那么，什么是“鱼缸法则”呢?

在美国一家公司的大厅中放着一个鱼缸，里面有几条热带鱼，两年来，这几条鱼都没有长大，一直都是 3 英寸长。有一天，董事长的儿子不小心将鱼缸打破了，热带鱼掉在地上直扑腾，众人见状连忙将鱼放到院子里的喷泉水池中。没想到，几个月后这些鱼居然长大了，足足有 1 英尺（合 12 英寸，约 30 厘米）长了。

这就是“鱼缸法则”，它多应用于儿童教育中。“鱼缸法则”告诉我们：**孩子的发展需要更多自由的空间。想要孩子拥有自驱力，让他们更好地成长，就需要给他们充足的自由，不能把他们局限在“鱼缸”里。打破鱼缸就相当于挣脱束缚，可以让孩子自由发展。**

我的朋友晓静就是在缺少自由的环境下长大的，从小到大无论她做什么，她的父母总是会第一时间给出决断，她一直生活在父母的规划中，饱受父母的“高压”教养。她说自己从小就没有自由，不能选择自己的人生，不被父母信任，在父母眼中她什么都做不好，她就像鱼缸里的热带鱼一样，一度处于压抑的状态。她渴望自由的心情一直延续到现在。在婚后，她有了孩子，她将那份追求自由的心放在孩子身上，给了她孩子足够自由的成长空间，信任和支持孩子，注重锻炼孩子独立做事的能力。她的孩子现在上小学四年级，性格开朗，学习成绩也很好，是班里的小学霸。

给予孩子自由，孩子才会有无限发展的可能。那么自由是无边无际的吗？让孩子自由成长就是无限放任吗？当然不是，自由的成长也需要约束，也需要界定标准和规则。

德国哲学家康德认为：“真正的自由不是随心所欲，而是自我主宰，自律即自由。”孩子在追求自由、向往自由的同时也要有边界意识。任何人生活在这个世界上都要遵守规则，要遵循自然规律，遵守社会法则，在行使自己的权利时，也要履行相应的义务。有规矩才成方圆，约束和边界给孩子一个安全的范围，这样的自由才是真正的自由。

比如，孩子写完作业后，给他自由活动的时间，而他却选择毫无节制地玩手机、刷视频、看直播、打游戏。那么这个时候家长就要站出来告诉他们，自由是有边界的，给他们分析长时间做这些事情的弊端，如对眼睛不好、容易上瘾等，将他们引导到可以提升自己能力的方向上，如读一些名著，和好朋友分享读书心得，到大自然中观察等。我们要在自由的基础上给孩子一定的约束。

通过上述两个案例我们了解了自由与约束的作用，那么自由和约束的边界到底在哪儿呢？我们可以从以下两点分析。

第一，家长在给孩子足够的自由空间后，方向错误时要及时纠正，方向正确时及时给予鼓励。

自由不是无度的，在给孩子自由后，家长不能完全放手，还是要和孩子一起成长。当孩子做出危险的事，家长要及时引导。比如家长带孩子去大自然中玩，天黑了，孩子还不愿回家，还想继续探索大自然，这个时候家长就要及时制止，告诉他们在野外的夜晚是很危险的，无论在什么时候都要有自我保护的意识，这个就是自由的边界了。反之，当孩子做得对时，家长就需要给予赞扬，及时鼓励，告诉孩子这件事他们处理得很好。时间长了，孩子就会知道自由和约束的边界，以及如何规避危险。

第二，家长在约束孩子时要把握好分寸感。

当家长足够了解自己的孩子后，才能把握住约束的分寸。那是一种很微妙的感觉，每一个细心的家长都能感知到。

我在补习班认识一位父亲，他经常跟其他家长分享自己的育儿心得。他认为对待孩子必须严厉一些，要约束孩子的行为，要有父亲的威严，否则孩子到了青春期就没有办法约束了，他格外强调：小孩子一定要越早约束越好。许多家长深以为然，觉得很对，因为这位父亲的大女儿到了青春期就很乖，不会叛逆，学习成绩也好。于是他们纷纷应用在自己孩子身上，严厉地约束自己的孩子，结果发现孩子跟他们不亲了，也不愿意和他们沟通了。这是为什么呢？

这就是要注意“约束的分寸”了。我了解过，分享育儿经的父亲在约束孩子上非常有分寸感，知道约束的度在哪里，也知道约束的边界。虽然他崇尚严格教育，但在严厉之上还有慈爱，会耐心跟孩子沟通和交流，在孩子遇到难题或情绪低落时，他会耐心地帮助和引导孩子解决难题，平常也会和孩子一起互动，做游戏。他在家庭教育中做到了应该严格要求时会严格对待，需要慈爱时也毫不吝啬。正如颜之推在《颜氏家训》中所写：“父母威严而有慈，则子女畏慎而生孝矣。”对待孩子严厉些没有什么问题，但要“严而有格”。一味慈爱同样不可取，也要“慈而有度”。

掌握了约束自己孩子的度，给予孩子恰到好处的约束，那么孩子对于这样的管教是服气的，家长和孩子的关系也不会紧张。

我们在教养孩子的过程中也可以摸索自由与约束的边界。当我们足够了解孩子的性格，知道他们做事的节奏以及习惯，我们就会知道什么时候给孩子自由，也会知道需要在什么地方、什么时候给予孩子约束，告诉孩子这里就是自由的边界了，不要再往前了。在边界之内，孩子绝对自由，他们可以用最舒适的方式生活和学习，自律的能力也会逐渐被唤醒。

2

自由的孩子更自觉

孩子是渴望自由的，当他们专注于做某件事时，主观上是不希望有人打扰或受到束缚的。当孩子可以自由探索时，他们就可以将全部的注意力投入进去，最后产生的效果也最好。

在这里我们要引入一个“积极自由”的概念，它是由英国哲学家以赛亚·柏林提出的。积极自由（positive freedom）是指没有受到他人的干涉或没有受到人为的束缚。这里的积极自由是相对而言的，自由还是要受到自然规律和社会法则等条件的约束。这里的自由是想要做自己的主人，成为一个可以做决定的行动者，不受他人意识的支配。

事实上，无论是儿童还是成年人，我们都想成为一个有思想、有意志的人，可以对自己的决定负责，支配自己的行为。换言之，如果我们能够做自己的主人，那么我们就自由了。我们可以试想一下，自己在什么时候最有动力？显而易见，在我们感觉自由，主动去做的时候动力最足。孩子也是一样，他们做事或思考也需要一个自由的环境。

晓雯因为儿子的教育问题感到很焦虑，她给我写了求救信：我的孩子现在无法无天，谁也管不了，这是为什么呢？我应该怎么办呢？

我问了晓雯几个问题：是否经常帮孩子叠被子和整理书桌？是否经常帮孩子盛饭？是否经常替孩子做决定？

晓雯的回答是肯定的，她认为孩子上小学了，需要将精力放在学习上，学习才是最重要的，其他的生活琐事太耽误时间。她以成人的视角看待问题，认为自己帮孩子过滤掉不必要去做或耽误时间的事情，替孩子做出适合他成长的选择。

我认为这就是孩子无法无天、难以管教的原因——孩子属于自己的空间太少，没有被尊重，缺乏自由。只有把自由还给孩子，孩子才能自觉地成长。

晓雯很不理解我的回复，她的儿子现在已经不听父母的管教了，如果再给他自由，任其发展，那不就更无法无天了吗？

看得出来，晓雯已经处在崩溃的边缘。作为母亲，自己悉心养育的孩子不再听她的管教，甚至叛逆，与她对着干，在焦虑之余肯定很伤心。她不明白，为什么自己掏心掏肺地付出，最后却是这样一个结局？其实，晓雯对孩子的教育类似于“缩在套子里的人”，将孩子守在“套子”里，守护和溺爱他，替他做决定，帮他做事情，凡事不给他锻炼的机会，美其名曰怕孩子受伤、走弯路，实则封住了孩子成长的机会。

我认为，将成长的主动权交还给孩子，孩子才会对成长有所期待，自觉性也才会更高。

结合晓雯儿子的实际情况，我给她提了几点建议：

首先，将自由成长的权利交到孩子手中，让孩子掌握成长的主动权。

给予自由不是放任不管，也不是绝对自由，是要衡量约束的度，提前设立约定或规矩，让孩子在边界内享受自由。在自由的环境下，孩子有了成长的空间，不再受“套子”的限制，他就会学会宽容、谦让，和父母相处更融洽，人格发展也会更健全。

其次，重新梳理亲子关系，将孩子放在平等的地位，不要把孩子当成附属品。

在给予孩子充足的爱的同时，也要做好适时分离的准备。正如奥地利心理学家阿尔弗雷德·阿德勒所说：“母爱的真正本质在于关心孩子的成长，这也就意味着关心母亲和孩子的分离。”

“父母之爱子，则为之计深远。”诚然，“分离”也是计深远的一种。为人父母哪里有不爱孩子的呢？晓雯她不爱孩子吗？但爱的结果却是孩子不受管教，这就不是“计深远”的爱。孩子在短时间内是舒服的，但于其未来成长毫无益处。

为人父母后，我们都想一直和孩子在一起，可到了他们成长的十字路口，他们必须自己走。不要担心他们会犯错误，会遇到挫折，正是那些磕磕绊绊才使得他们的成长更富有意义。

最后，释放孩子的天性，当孩子专心做事时不要打扰，试着信任他们，鼓励他们独立完成，提高做事的自觉性。

当孩子在自由的环境下生活时，反而会激起他们探索的欲望，会思考如何做事和说话。

晓雯按照我的建议给了孩子更多自由，鼓励孩子自己做事。比如整理家务，她给孩子提了一个要求：出去玩之前要把被子叠好，书桌收拾干净。提出要求后，她就去做自己的事了，没有再催促和监督。去厨房准备野餐食物的晓雯很着急，几次都控制不住想去看儿子是否听话，但还是忍住了。

一小时后，到了出发的时间，她看到被子叠好了，书桌也收拾过了。孩子还很兴奋地拿出帐篷和爸爸讨论如何扎帐篷才更稳。整整一天，晓雯都没有刻意监督儿子做事，把一切交给他做主，没想到儿子表现得很好，不仅自己规划了游玩的时间，还主动思考野餐后做什么亲子游戏。一整天的相处，她感觉儿子和自己的关系亲密了，也愿意和她分享心中的想法了 。

“鱼缸法则”和晓雯的案例教会我们一个道理：给予鱼缸，则困于浅水；投以海洋，则深海无惧。

我一直很欣赏自由教养，让孩子在轻松自由的环境下快乐成长。孩子的天性就是向往自由，寻找快乐，把他们困在鱼缸里，他们失去了自由与自我，又怎么会快乐呢？浩瀚的大海虽然充满未知，却能淬炼孩子的意志，磨砺他们的心性，勾起他们自由挑战的兴趣。

我想，家庭教育的本质是让孩子在自由快乐中学习，掌握各种生存技能。我们要守护孩子的自由，因为自由的孩子才能找到自我，才能让体内的自驱力觉醒。

3

引导孩子完成自由向自律的转化

自由与自律从表面上看似矛盾，绝大多数孩子认为自律就是约束，会有许多条条框框限制自己的自由，束缚自己向外延展。因此，他们对自律很排斥，认为这是家长为他们设下的陷阱，目的还是“管教”他们。所以，家长在引导孩子养成自律的习惯时也要明确一点：自律不是用一大堆规矩来束缚孩子，而是用自律的行动创造一种井然有序的秩序，来为孩子的生活和学习争取最大的自由。

一般来说，自律的孩子会感到更自由。

朋友姜玲发现女儿上小学后自我意识越来越强，对于她的建议和安排时常会质疑，询问为什么。对于自己不喜欢的事会开口说“不要”。比如这一次，她认为女儿上小学后要慢慢学着改变，不能像幼儿园那样懒散和拖拉，学着自律一些。但女儿反问：“妈妈，您这是在找借口管着我吧？接下来是不是要告诉我这个能做，那个不能做啊？”

对于女儿的质疑，姜玲没有不耐烦，也没采取强制手段，相反，她认为质疑是亲子沟通的开端，可以锻炼女儿的批判性思维，有利于她独立思考。于是，她认真地跟女儿讨论有关自律的话题。她对女儿说："自律不是被管着，它能让你感觉更自由。我们举个简单的例子，不管什么样子的人都有自己每天必须做的事，爸爸和妈妈要上班，还要做饭、整理家务等。你作为孩子，每天要上学、写作业、复习、做游戏和休息。没有人能够在一天的时间里什么事情都不做，既然一定要做，就要做得有效率些，这样剩余的时间就是我们争取到的自由时光。"

女儿问："那争取到的时间都属于我吗？我想做什么就能做什么？您和爸爸不能干涉？"

姜玲回答："当然，你节省出来的时间由你来支配，你是自由的。但是你也要知道，自由还需要一定的界限，你还是需要遵守校规，履行和爸爸、妈妈的约定，还要保证自己的安全。在这个界限之内，你可以做喜欢的事，比如出去打羽毛球，和好朋友聊天，看课外书，或者什么都不做，只是待在房间里休息，都由你决定。"

姜玲的计划是，当女儿不再排斥自律后，再继续跟她讨论什么是自律，怎么做才能变成一个自律的孩子。

姜玲认为，孩子养成自律的习惯需要家长的引导。与外在约束不同，自律是需要自我约束，是自内而外的。为了能让女儿"看得见"自律的好处，她决定一家人一起进入"自律生活模式"。每天早起半小时准备早餐，当女儿起床后看到丰盛的早餐时，她就会告诉女儿这就是自律带来的胜利果实，早起也是一种自律。

下班回来，他们会高效地处理家务。家务处理完毕后，一家人会去公园散步，孩子可以玩滑梯，爸爸和妈妈可以在运动器材上锻炼身体。她告诉女儿如果每天都按时完成作业，他们都可以一起去锻炼身体，做娱乐活动，这也是自律带来的好处。她告诉女儿自律是约束自己的行为，养成良好的做事习惯，这样会使生活的各方面都井然有序。

自律不是靠压迫性的约束形成的，通过强行消耗孩子的意志力来获得的自律不会长久，我们要培养的是一种持久的自律力。下面我们从四个维度来说明如何正确培养孩子的自律（如图4所示）。

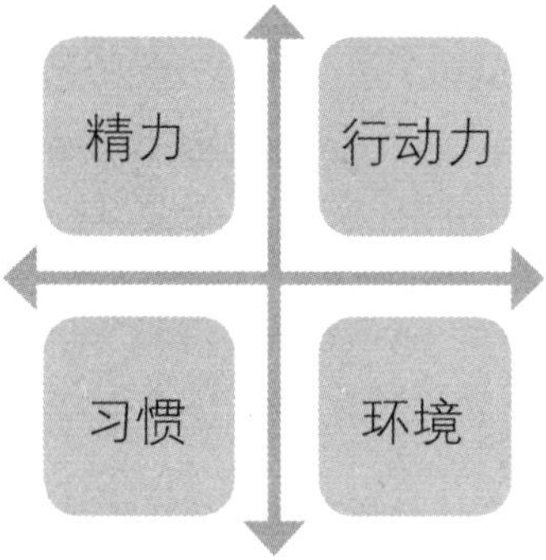

图4　培养孩子自律的四个维度

维度一：行动力，引导孩子将欲望转化为行动力。

完成自由向自律的转化，根本还在于孩子本身，只有他们发自内心地去做，才能享受自律带来的高效生活。与成年人一样，孩子也有欲望，会追求快乐，向往自由，执着于喜欢的事物，当他们遇到自己喜欢的东西或感兴趣的事时，身体里就会产生持续的动力，努力奋斗。家长应该把自律这件事交到孩子手中，让他们主动去做，用他们感兴趣的方式加以引导。

就像案例中姜玲的做法，在现实生活中将自律的好处形象化，用实际行动告诉孩子自律后的生活是什么样子的，让孩子感受到自律后的快乐。与此同时，家长也要给孩子提供榜样的力量，言传身教告诉孩子自律会给我们带来什么，我们会获得什么。

维度二：环境，将“仪式感”带到孩子自律的培养上。

生活需要仪式感，培养孩子变得自律也需要仪式感。美国作家詹姆斯·克利尔（James Clear）在《掌控习惯》中说：“高度自律的人并不是依靠意志力完成自控的，他们更擅长打造一个诱惑很少的外在环境。”孩子天生爱模仿，除了身边人的榜样作用，他们还需要有一个自律的环境。比如孩子写作业的环境有两种：一种环境是书桌距离床不到一米，桌面杂乱无章，还有各种零食和水果；另一种环境是书桌在书房，桌面整洁，没有与学习无关的东西。试想一下，是不是后者更利于孩子高效学习呢？前者的诱惑较多，孩子的注意力也容易被分散，学习效率自然会低。所以，当孩子要提升自己的自律时，要引导他们将“干扰项”删除。

维度三：习惯，用“习惯回路”引导孩子提高自律水平。

“习惯回路”是美国作家查尔斯·都希格（Charles Duhigg）在《习惯的力量》中提到的，他所说的习惯回路是暗示、惯常行为和奖赏回报。习惯的养成不是机械运动，也不是输入几个代码就可以让程序自动循环，它有着自己运行的规律。

习惯的开启可以从暗示开始，给孩子一个心理暗示，让他们的大脑进入某种自动的行为模式，时间一长就会形成行为习惯，而完成一个行为习惯后再得到一些奖励。奖励的作用是让孩子的大脑重视这个过程。养成习惯就是重复以上过程，直到将其变成“自动化”。

维度四：精力，引导孩子管理自己的精力，拒绝“揠苗助长”。

在培养孩子自律能力的同时，也要意识到孩子的精力是有限的，任何学习都不能透支孩子的精力。在一定程度上，孩子的意志力会相对薄弱一些，培养孩子从自由到自律转化切不可操之过急，任何改变都应该是循序渐进的，想要孩子将自律进行到底，就要保护他们的“自律心”。

古希腊哲学家毕达哥拉斯曾说过：“不能约束自己的人不能称他为自由的人。”乔布斯曾说：“自由从自信而来，自信从自律而来。”让小学生学会自我约束，养成自律的习惯，也是为了让他们自由而快乐地成长。从此刻起，让我们和孩子一起去培养自律，努力成长吧！

4

让运动陪伴孩子成长

很多家长疑惑，体育运动怎么是一种顶尖的教育呢？他们认为儿童的体育运动就是“玩儿”。其实体育运动并没有人们想象中的那样单一，它不仅仅代表体能训练，更是一种综合性的社会教育，能够使儿童的智力和人格更加健全。

近几年，越来越多的家长和老师开始重视小学生的近视、肥胖以及情绪和心理问题。很多人也在体育运动中找到了预防这些问题的方法。因为体育是一种有着特定的规则和目标的学科，孩子在运动的时候，可以改善睫状肌的紧张状态，加速眼球组织的血液循环，提高眼睛视敏度，消除眼睛疲劳，而且此时大脑皮层是活跃发育的，有利于孩子的身心健康。此外，往往那些体育“玩”得好的学生学习成绩也不错。

有人会问，体育运动的确很重要，但它能比学习更重要吗？学生的天职不就是学习吗？诚然，对于学生来说，学习文化知识很重要，拥有更多知识才能更好地认知和探索世界。但体育也是不可或缺的，可以说是非常重要的，它能为孩子带来蜕变！

第一，体育运动能给孩子带来健康的体魄。

苏联政治家、革命家加里宁认为："体育运动对儿童的脑力紧张不会增加负担，相反地，它在脑力作业后起一种松弛作用，使脑力得到特殊的休息。"体育运动可以缓解孩子学习的疲惫感，缓解大脑因学习产生的紧张感。所以现代教育都主张劳逸结合，孩子学习之余要加强体育锻炼，通过运动来放松精神，最后达到身心皆健康的状态。

我们常说，"生命不息，运动不止"。达·芬奇也说过："运动是一切生命的源泉。"运动，是可以让孩子坚持一生的事，要让孩子从体育锻炼中知晓运动的好处，它不仅可以强身健体，还可以愉悦心情。爱运动的孩子身体素质会越来越好，还可以保持健康的身材，不用为肥胖担忧，还有利于孩子心理的发展。

第二，体育运动能修炼孩子的性格，有利于提高孩子的情绪管理能力。

爱运动的孩子更开朗，他们的精气神会比不爱运动的孩子足，活泼勤快，眼神中有光彩，在学校的课堂上表现更突出，会主动发言。他们的性格会因为体育锻炼而更加坚强。

同时，在情绪管理上，进行体育运动也是处理情绪问题的一种有效方法，可以将孩子的注意力转移到运动上，从而用快乐和积极挤走坏情绪。

因此，热爱体育的孩子不容易陷入负面情绪的黑洞，他们会通过运动来舒缓坏情绪带来的负面影响。当孩子处于运动的状态时，他们会暂时忘记不好的事情，让情绪不会波动太大。

第三，热爱体育可以帮助孩子提高人际交往水平，帮助他们快速融入集体又不失自我。

人际交往中最重要的是沟通和交流，进行体育运动能帮助孩子更好地处理人际关系。我们都知道，体育项目多种多样，在运动时，孩子会感觉到自己不是孤单的个体。尤其是在团队运动项目，如球类运动中，孩子们需要通过协作完成体育比赛。在运动的过程中，孩子们会有语言、动作、神态等交流，这也是增进彼此友谊的途径。通过体育运动孩子们懂得了团队协作的重要性，也更加快速融入集体的学习和生活。

热爱体育的孩子往往会有自己的闪光点。比如在运动时他们会根据自己的实际情况制订锻炼计划，逐渐唤醒自己的行动力。这都是体育带给他们的力量，是在无数次体育锻炼中掌握的技能。

第四，体育运动还能够磨砺孩子的意志。

儿童的意志力相对于成年人来说要薄弱一些，他们有较强的依赖性，同时也缺乏独立性和自觉性，需要家长引导。一般来说，意志力是在面对挫折、失败或诱惑时才会表现出来的。体育锻炼就是一个很好的方式，孩子在做体育运动时要有耐打击和抗挫折的意志力，正如运动员在面对强大对手时表现出来的自强不息和坚韧不拔的信念和精神。我们要用那种竞技精神激励孩子，让他们在运动时学会坚持和忍耐，敢于去挑战。

热爱体育的孩子往往比那些不热爱体育的孩子韧性更足，他们遇到困难时的反应也是不同的。绝大多数爱运动的孩子在面对挫折和失败时会重整旗鼓，积极寻找解决问题的办法。而不爱运动的孩子绝大多数会比较懒惰，身体上的懒惰带动思维上的懒惰，他们在遇到困难时往往会第一时间向别人寻求帮助，不会主动寻找方法去解决难题。

第五，体育运动还可以改变孩子的生活习惯，通过体育来让孩子变得自律。

例如，通过制订运动计划，按时打卡，加强孩子的时间观念；通过运动来调整饮食习惯，注意约束不健康食品的摄入，让孩子的身心都朝着健康的方向发展。

同时，当孩子能养成一定的运动习惯后，在潜移默化中必然会让自己变得更加自律起来。自律之后也能更合理地安排自己的时间，从而让孩子变得更加“自由”。

人的观念是在不断变化和发展的，育儿理念也是一样，需要在众多经验和方法中找到最适合孩子的。我从小就对体育活动没有兴趣，体育课会偷偷跑回教室学习，自认为比同学聪明，有更多时间去学习。可事实证明，体育课也是非常重要的，它可以给我健康的体魄，可以让我学习效率更高，让我更有意志力。我“偷”体育课得到的时间并没有为我的学习成绩带来加持，反而让身体处于亚健康的状态，跑步倒数第一，连爬三层楼梯都会气喘吁吁。后来我认识到体育锻炼的重要性，也时常鼓励身边的孩子多做运动，认真上体育课。

那么从此刻起，请重视体育运动，将它放在孩子成长道路上的重要位置，让体育精神伴随孩子的一生。

5

让孩子爱上体育的世界

柏拉图曾说：“神给了人进化的两种管道——教育和运动。教育，是人走出愚昧无知的管道；而体育运动，是人走出平庸迈向强大，突破自我的管道。”体育运动可以让孩子变得勇敢且自律，因此家长一定要做好正确的引导，为他们打开一扇“体育之门”。

众所周知，体育在中考中也占据重要席位，教育部还曾颁布过“逐步提高中考体育测试分值”的政策。由此可见，体育已经成为一门不可或缺的重要课程。那么，让孩子爱上体育也提上了家长的日程。

或许在我们的认知印象中，体育应该是一种很受欢迎的课程，应该与美术、音乐等课程一样备受学生的欢迎。但事实却不是如此，很多学生对体育的热爱并没有我们预想的那般热忱。

我曾经做过一个关于小学生校内体育课的问卷调查，参与调查的小学生有 200 余名，有 39% 的学生喜欢上体育课，能够在体育课上玩得很好，学校提供的体育运动设施较全，课上还会做有意思的体育游戏。有 61% 的学生不喜欢上体育课，对于这一部分不喜欢上体育课的同学，我了解到，其中有69%的同学认为体育课没创意，活动太单一，没有吸引力；有18%的同学认为体育是负担，是被家长和老师强行要求上的；还有13%的同学认为上体育课耽误学习，不想运动，也不爱上体育课。

这个问卷调查的结果从侧面反映出一个事实：很多学生不热爱体育的原因是对体育了解不够，没有认识到体育的真正魅力。尽管体育在考试中是加分项，但仍旧有许多学生不热爱，甚至对体育存在误解。那么，我们应该如何引导孩子爱上体育呢？如何让体育成为孩子的好朋友，让孩子从“被要求体育锻炼”转变为“我要体育锻炼”呢？

我们先看一看案例中的这位家长朋友是如何让孩子爱上体育的。

朋友陈铭认为，对于学生而言，虽然学习很重要，但是身体更重要，毕竟“身体是革命的本钱”。在了解到体育也属于中考考查科目时，她认为有必要让孩子从小就意识到体育的重要性，坚持“爱上体育要从娃娃抓起”的理念。可儿子对体育的看法却与她相悖。儿子认为锻炼身体很累，每次妈妈让他去跑步时，他都很不情愿，有抵触心理，抗拒去做运动。可妈妈则拿着哨子在一旁监督，只要他稍微慢下来就会被妈妈说。他认为做运动很没意思，太枯燥，太累了，坚持不下去。

跑步原本就是一场考验耐力的“持久战”，无论是谁，被别人强制要求去跑步，心中都会没有动力，坚持不下去。陈铭在了解儿子的心理状况后，经过反思，决定改变策略，先让儿子改变对体育的认知，她想用实际行动告诉儿子运动很有趣。

她开始和儿子一起跑步，每天晚上抽出 30 ～ 60 分钟的时间去运动，从准备工作到跑完后的拉伸，都和儿子一起完成。他们两个互相监督，给彼此鼓劲，三个月后，儿子的体重下降了，性格也乐观开朗了许多，并愿意主动和同学交流。

除了跑步，陈铭还设计了多种亲子运动，比如约几个家庭一起做接力赛跑，参加户外体能训练活动，增进孩子对体育的兴趣，在团队合作中获得体育竞技带来的快乐。平时，陈铭还增加了一些亲子类的球类运动，比如羽毛球、足球、乒乓球等，给儿子更多的选择，不让体育运动项目太过单一。在亲子运动中，她还跟儿子讲述了安全的重要性，一切运动都要在自己身体可接受范围内进行，一定不要勉强为之，一旦身体出现不舒服的状况，要立刻告诉身边的人，并及时去医院做检查。

经过一年的悉心陪伴，陈铭的儿子开启了运动的自驱力，最后变成不用别人监督也会自主运动，去锻炼身体。孩子爱上了体育运动，开始崇拜参加体育竞技的健儿，学习成绩也提高了许多。

从案例中我们可以看出陈铭引导孩子爱上体育运动是分为以下几个步骤的：

第一，利用孩子的模仿天性，给他们一个可以“够得着”的榜样。

父母和孩子一起接触体育运动，了解体育项目，让体育运动不再是孩子自己的事。练习体育项目也不仅仅是为了考试的分数，而是让孩子知道，父母与他们一样，站在同样的起跑线上，共同在为身体的健康做出努力。

我们都知道，想要养成良好的运动习惯是很难的，需要日复一日的坚持。孩子的体育项目需要不断练习，这个过程是很苦很累的，需要孩子有忍耐力。如果父母和孩子一起做这件事就会让问题变得简单一些。家长要用实际行动告诉孩子："爸爸妈妈和你一起锻炼。"在锻炼的过程中可以给孩子鼓励和支持，让孩子更有动力。

第二，增加亲子体育运动的项目，让运动不再枯燥和单一。

家长要有发散思维，想办法增加体育运动的趣味性，加强娱乐效果，让孩子产生兴趣。对于孩子感兴趣的体育运动家长要善于引导，同时也要注意培养孩子的协作能力，鼓励孩子主动去思考如何带动其他同学一起做体育运动。

第三，注意孩子的安全，要让孩子有自我保护的意识。

家长需要注意孩子运动的外部环境，既要保证孩子的安全，又要让孩子感到舒服。对于场地的选择和训练内容的挑选都要符合"安全第一"的原则，确保玩得开心又安全。

第四，体育运动要坚持适度原则。

家长在引导孩子爱上体育的同时，也要给他们紧一下学习的弦，合理分配学习和体育的时间，既要做到不耽误学习，也要让孩子觉得运动有趣有效果。

第五，用陪伴代替监督，用鼓励代替催促。

体育运动的主体是孩子，家长只能适时引导，给予他们帮助和支持。被监督的感觉很不舒服，我们大人深有体会，孩子也一样，他们也需要自由的空间，也想把决定权放在自己手中。因此，把“被迫运动”转化成“我要运动”后，效果一定更好。

凡是孩子主动去做的真正热爱的，持续的时间一定会很长。体育也是一样，让孩子真正了解体育的魅力，对体育产生发自内心的热爱，才能让体育运动伴随他们一生。

6

让孩子做时间的管理者

时间在一定意义上是虚幻的，孩子触碰不到，所以他们很难理解“一寸光阴一寸金，寸金难买寸光阴”的真正含义。但时间对于成人和孩子来说都非常珍贵。做好时间管理，不仅有助于掌握当下的人生，还可驱动未来的高效发展。

让孩子知道，时间不能暂停，也不能重来，要在学习和生活中珍惜每一秒。掌握自己的时间，从眼前看，孩子可以规划每一天的时间，决定每个时间应该做些什么事，能感觉到自己的时间是掌握在自己手里的；从长远看，孩子有时间观念，在未来的发展中，他们也会高效地规划工作和生活时间，就算生活再艰难，工作再辛苦，他们的抗压力会比一般人更强，因为他们掌握着自己的时间，而不是被时间所掌控。

那么，时间管理很难吗？对于孩子来说，时间管理的目的和要点是什么呢？

荷兰作家巴卡斯说：“时间管理最重要的目的是创造更多的休闲时间。”苏联著名教育实践家苏霍姆林斯基认为：“儿童的时间应当安排满种种吸引人的活动，做到既能发展他的思维，丰富他的知识和能力，同时又不损害其童年时代的兴趣。”

我们要求孩子学会时间管理，并不是要控制和安排他们所有的时间，让他们做更多的事，使他们变得更忙碌，而是要让孩子在学习之余也会很快乐地享受生活，感受到这个世界的繁华与美丽。正如苏霍姆林斯基所说，在儿童的时间管理上，可以多安排一些让孩子感兴趣的活动来发展他们的思维和能力。

孩子进入小学后就背上了沉重的书包，书包里面装满了老师和家长的期待。他们不仅要完成课业，还需要奔波在各类兴趣班中，业余时间被安排得满满当当。让我们来看一下放学后几名小学二年级的学生讨论的话题：

“你们有时间做老师留的课外阅读吗？”

“没有时间啊，我马上要去学英语和口才，回家还需要写作业。”

“我也是，时间根本不够，我太忙了。”

“我也觉得，每天的时间被安排得很满，根本没时间做自己的事，想要玩一会儿都不行。”

“我写作业可慢了，没时间看课外书啊！”

小学就如此忙碌，看来孩子更需要合理规划自己的时间呢！

其实，课本中就已经用习题的方式向学生渗透时间管理的概念了。比如这道题：用 1 个平底锅煎鸡蛋，每次最多煎 2 个，煎

1个需要用时2分钟（正反面各需用时1分钟）。若煎熟3个至少需要多少分钟？

答案是3分钟。将2个鸡蛋同时放在锅里一起煎，1分钟后2个鸡蛋熟了一面，将其中1个取出，另1个翻面，同时放入第三个鸡蛋。又煎了1分钟，将全熟的鸡蛋拿出，将第三个鸡蛋翻面，与此同时将第一个鸡蛋放入锅中，这样再煎1分钟就全熟了。所以至少需要3分钟。

这是在用习题的方式告诉孩子时间的珍贵，用最短的时间完成一件事，就能能节省时间，孩子就会发现时间多了起来，就可以用闲暇的时间做自己喜欢的事。

那么，我们可以通过哪些方法培养孩子成为一个小小时间管理大师呢？

方法一：整理归纳法。

学习归纳整理是培养小学阶段的孩子进行时间管理的必要环节。可以从学习和生活中的小处着手，例如锻炼孩子动手整理书桌上的课本和作业，按照学科摆放整齐；家长可以给孩子买一些透明袋和便笺，将各科的卷子分别放到相应的袋子里，方便寻找。铅笔、橡皮、直尺等学习用品也要摆放整齐。培养孩子收纳和整理的习惯，让他们从小养成好习惯，这样可以节省翻找的时间，学习时也倍感轻松。

方法二：行为—结果法。

让孩子知道行为与结果的关系，什么样的行为会产生怎样的结果，无论好坏，都要孩子独自承受，这样他们会更深刻地理解时间规划的重要性。我们可以鼓励孩子将要做的事情列一张清单，比如 7 ：20 起床，如果赖床就要承受迟到的风险，到了学校被老师批评，让赖床的行为结果化。玩游戏的时间过长，没时间写作业，就要接受被老师批评的结果，那么忍着身体的疲惫在深夜写作业也是一种不遵守时间的小惩罚。

方法三：预估任务时间法。

当孩子到了小学四五年级时，就可以训练他们预估做一件或几件事情需要耗费的时间。等孩子做事情时，记录下实际用时，和预估的时间比较一下，再引导孩子对所做的事情进行分析和反省，让孩子找到节省时间和提高学习效率的方法。

方法四：四象限法（如图 5 所示）。

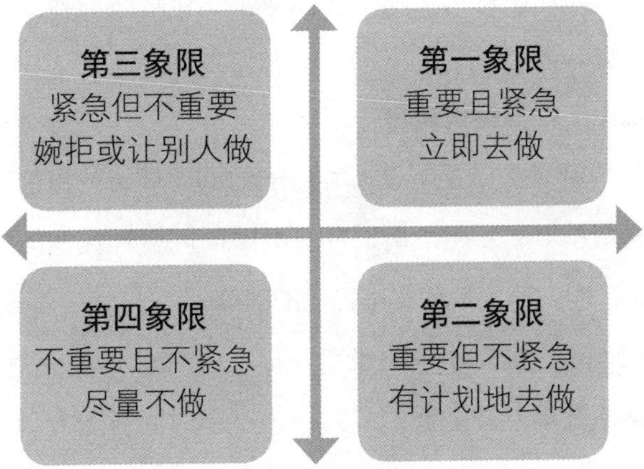

图 5　提高做事效率的四象限法

我们将要做的事情按照轻重缓急填写在四个象限中，根据事情轻重缓急的程度安排完成的先后顺序。这样既节省时间，又能提高做事效率。

方法五：二八定律法。

让孩子用 80% 的时间来做那最重要的 20% 的事。孩子做的时候要避免被外界干扰，要静下心来认真完成。让孩子意识到：当一个人开始认真做事时，时间过得最快，效率也是最高的。

方法六：搜集碎片法。

有时孩子会认为没有时间阅读和思考，这时可以教孩子充分利用碎片时间。比如家长在领着孩子坐地铁时，可以和孩子一起阅读，当他们遇到不懂的问题时可以和父母讨论。睡觉前的 10 ～ 30 分钟是阅读的最佳时间，伴着知识入睡，更能开发孩子的大脑。此外，我们也可以让孩子养成整合碎片想法的习惯，将头脑中一闪而过的好句子或感想记录下来，这也是充分利用有限时间的方法。

方法七：行为惯例表法。

行为惯例表法就是将孩子养成的时间习惯进行深加工，按照既往习惯安排学习和生活的时间。养成时间管理习惯的孩子往往都很自律，能主动思考和安排自己的时间。

家长们一定要在小学阶段引导孩子将时间安排好，引导他们更有效率地做事，鼓励他们成为一个小小时间管理大师。当他们创造出更多的休闲时间，就可以自由发挥了，做一些令自己愉悦的事，这个过程也能让他们变得更加自律！

第7章

优秀的父母，总是和孩子一起成长

1

每个孩子都需要被看见

你是否真的了解自己的孩子，做到了真正意义上的“看见”孩子？

别急着回答这个问题，各位家长朋友可以先做一个问卷调查，看看自己是不是真的了解孩子。请回答以下几个问题：

①他 / 她对自己的现状是否满意？

②他 / 她在学校是否真的开心，有没有志同道合的朋友，人际关系是否如他们所说的不用担心？

③他 / 她是否对未来充满期待，是否有信心独自解决遇到的难题？

④他 / 她是否相信身边的人？

⑤他 / 她是否热爱自己的生活，热爱这个世界？

⑥他 / 她是否对自己有信心，是否相信自己的能力？

如果你的答案都为“是”，那么你确定自己的孩子也认同你的回答吗？你了解自己的孩子吗？同样别着急肯定。我们再来看看关于学生对家长不满意地方的问卷调查结果。

①父母极度不信任自己，专制独裁，全权处理我所有的事。

②喜欢讲大道理，讲的东西冰冷枯燥，一点不关心我内心的想法。

③指责我这也不对，那也不对，却不告诉我到底怎样是对的。

④过度干涉我的自由，不尊重我的选择，一言不合就给我贴上各种“负面标签”。

⑤大人的事非常重要，小孩的事永远不重要，我们认为天大的事，他们却不理不睬完全忽视。

⑥大人的聊天等于学习，除了学习和讲道理，他们什么都不会说。

⑦有些事只是专门约束我的，他们却一直做不到。

⑧美其名曰倾听我内心的声音，他们却心不在焉，边听边回复单位的信息。

看完以上内容，我们可以回想一下，是不是孩子越大，与自己沟通的次数越少？孩子是否说过“你们什么都不懂”？再回想一下我们上学时与父母相处的模式，是不是经常关上房间的门玩电脑或玩手机？如果是这样，那么文章开头的那项调查，你的回答还是一如既往地给予肯定回答吗？

家庭教育中有一个很奇怪的现象，当孩子不愿意交流，喜欢把自己关在屋子里，睡眠不好，食欲下降时，家长要过很长时间才能发现；但当孩子的学习成绩下滑时，家长会第一时间发现，并且苦口婆心劝诫孩子好好学习，别再玩儿了。由此看来，家长对孩子的"看见"大多限于学习，对其他方面的反应比较迟缓。

家长看不到孩子的需求，对孩子真正的需求没有回应，孩子会是什么感受呢？我觉得，那种感觉就像在茫茫大海中四处漂泊，四周漆黑一片，没有灯塔和光，更没有同行者。就像身居一座孤独的岛屿，没有人理睬，更没有人看见。

每个孩子都需要被看见，从出生开始，孩子就特别需要父母的回应。有了父母积极的回应，孩子的心理成长才会更加健康。

《被嫌弃的松子的一生》中的主人公松子就是一个从小不被父母看见的孩子，每每想到松子，我都会心疼她童年时期的遭遇。不得不说，原生家庭对一个人的影响是持续一生的，父母对松子的忽视，以及对妹妹的差别对待，给松子幼小的心灵带来的是巨大的创伤。她在一个缺爱的环境下长大，以至于长大后为了追求爱而走上一条不归路。童年的创伤给她带来的是自卑和无助，如果父母能够看见童年的她的需求，给她关心和爱的回应，她的内心也一定是富足的。

河南商丘有一名9岁的小男孩一提起上学就发烧近40摄氏度，父母甚至带他去做了骨髓穿刺检查，还是没有找到发烧的原因。后来他们去了青少年心理科，医生诊断为轻度抑郁。抑郁症不是突发症状，孩子从出现抑郁倾向到确诊为轻度抑郁之间是有一个过程的，而家长竟然没有发现孩子的任何异常，这一点我很不理解。原来这名小男孩是在学校寄宿，但家长平时很少打电话与孩子交流，也几乎没去学校看一看孩子。家长不回应孩子的需求，就算看见了也是忽视或者直接无视，孩子长期处于这样的氛围中，心理肯定会出现问题。

加拿大儿童行为心理学家戈登·诺伊费尔德曾说过："每个人都不是孤岛，需要被看见，被连接，尤其是孩子。只有被看见，沟通才成为可能。"知名心理学家武志红也认为："在亲子关系中，回应像一缕光照亮了孩子的世界，让孩子感受到了被爱、理解和看见。"

可以说，被父母看见的孩子，他们就好像生活在阳光下，能够感受到父母的爱与关怀；没有被父母看见的孩子，他们的生活将黯然无光，像孤独星球上的漂流者。

家长在培养孩子自驱力的时候，也应重视和看见他们内心的需求，跟他们互动和交流。在孩子需要自由探索时不干扰，在孩子内心出现问题时不忽视，在他们动力不足时适时助推，在需要爱的分离时及时放手。

"不干扰、不忽视、适时助推、及时放手"这几点说起来容易，做起来却有难度。每一个家庭的父母与孩子之间的相处模式是不一样的，如何才能融洽相处，什么时候进行爱的分离，如何助推才能让孩子感到舒服，何时才是放手的时机？我想，答案就藏在"看见"里。看见孩子内心的需求，看见孩子想要表达的内容。

2

掌握有效陪伴孩子的秘诀

有时，我们做父母的很贪心，恨不得给予孩子一切，也想要成为他们的全世界。但随着时间的流逝，我们终于懂得，控制不如放手来得长情，从陪伴过渡到分离，才可以让孩子飞得更高、更远、更自由。

在一定意义上，陪伴是为了更好地分离。

我们与孩子近距离相处的时间其实是很短暂的，在他们童年时，我们可以给予更多的陪伴。陪伴，就意味着我们要将生命中最宝贵的东西——时间交给孩子，和他们一起面对成长的每一个瞬间。

其实，父母对孩子的家庭教育过程也是一个觉醒的过程，觉醒之后，你就会找到和发现驱动孩子一生幸福的关键。

我真正理解陪伴的内涵是源于一次觉醒。记得那是我的女儿 18 个月的时候，我带她去早教中心上体验课。她是一名观察型的小朋友，面对陌生的人和新鲜的娱乐设施会很淡定地观察，在别人做过一遍之后，她也会挥起小手上前尝试。但看得出来，她有些不安，会时不时看看我，会让我牵着她的手一起完成探索新鲜事物的过程，去认识新的小朋友。这个参与早教课程的过程很累，其间，我和先生换了一次，因为我发现自己的体力和精力跟不上老师和女儿的节奏。站在玻璃窗前看着玩得非常开心的女儿，我第一次质疑了自己的陪伴方式，难道从前的陪伴都是无效的吗？为什么这一次会如此疲惫？

我曾在孩子出生那一刻就决定给孩子陪伴式教育，决定与女儿共同成长，但在实际的相处过程中，我所谓的陪伴也只是陪在女儿身边，是浅显的，浮于表面的。我陪她一起看绘本、做游戏，给她讲解看到的事物，告诉她各种自然和生活的规则，但感觉做这些都是在完成任务，是为了陪伴而待在孩子身边。我的陪伴缺少“精气神儿”，而这一次“早教式陪伴”是真正意义上的陪伴，虽然我参与了 20 分钟，却感到身体的疲倦和精力的不足，这 20 分钟才是深入互动式陪伴，这样的陪伴才是我们要做到的。

很多时候，我们误解了陪伴的含义，认为只要待在孩子身边就是陪伴了。其实孩子需要的不是一个虚设的人物，他们需要的是可以合作互动的亲人。很多父母因为工作等将孩子的日常生活交给长辈或保姆打理，这本身没有什么问题。但有些人认为“谁带都一样，等父母有时间了再带是一样的”，这种观点却是很有问题的。

我们小区里有很多保姆带大的孩子，很少见到孩子的爸爸或者妈妈亲自带，就连休息日也全权交给保姆，就算和孩子一起出来了，也只是妈妈玩妈妈的滑板，宝宝和保姆在四处溜达，母子之间没有一点互动和合作。很多妈妈抱怨孩子和保姆亲，根本不和她玩，其实孩子是很聪明很公平的，谁陪伴他的时间长，谁和他的互动多，谁满足他的需求，他就会跟谁亲。

我的女儿在 18 个月时断了母乳，在断母乳期间她都由我先生照看。我先生喂她吃饭，哄她睡觉，时不时抱她玩，才一周的时间，她就和爸爸建立了无法扯断的感情，甚至在晚上醒来哭泣时也不找我了。先生说："这就是陪伴的力量，你多陪陪她，她跟你也好。"

先生的言语虽朴实，却一针见血地道出了真谛，只有合作互动式的陪伴才能满足孩子的内心需求。合作，就是驱动孩子一生幸福的能力，让孩子的心不再孤独。

当有了孩子之后，时间仿佛流逝得很快，我们有必要在有限的时间里给予孩子有效的陪伴。孩子终将会与我们分离，站在人生的十字路口上我们各自挥手，奔波在自己的路上，所以，我们可以做的就是在有效和深入的陪伴中教会他们更多的技能，让他们有能力在未来的道路上拼搏和奋斗。

在陪伴孩子成长的过程中，必要时，我们可以帮助他们处理一些问题。比如，当孩子不小心打碎碗碟或杯子时，父母应该如何处理？是大声责备，不再让孩子靠近，还是一步一步处理好打碎的物件，在清扫的过程中教会孩子如何处理类似的事？选择后者，你会发现下一次他就会清理碎片了，而且你们之间的信任感也增强了。

只有孩子充分信任父母，和父母建立良好的关系，父母才会更有机会引导和教育孩子，孩子才会给予积极的反馈。反之，责备和呵斥都会让孩子远离，也起不到良好的教育作用。同样，只有父母充分了解孩子，在与孩子的互动中知道他们的兴趣和爱好，了解他们的优点和缺点，才会找到适合孩子成长的方法，帮助他们更好地学习和成长。

我认为，在父母的陪伴中，孩子学到的东西会伴随其一生，这也是父母给予孩子最好的礼物。

3

父母的情绪将影响孩子的一生

孩子出生后，类似这样的想法可曾在你的脑海中停留？

孩子很难带，太累了，整晚睡不好觉。

要不要给孩子报早教班？如果不报，会不会被同龄人落下？

幼儿园是选择私立还是公立？孩子在学校不适应怎么办？

学区房还是咬咬牙买一个吧，要尽自己所能给孩子提供好一点的学习环境。

孩子上小学后学习跟不上怎么办？要不要提前让孩子学一下小学一年级的知识？

兴趣班应该怎么选择？如果选的兴趣班孩子不喜欢怎么办？如果孩子坚持不下去怎么办？

女儿和班里一个男孩走得很近，要不要干预一下？

儿子太爱玩了，会不会耽误学习？

可以看得出，从孩子出生的那一刻开始，家长就会不自觉地进入自己的角色，为孩子的成长担忧，或多或少都会有一点焦虑心理。我接触过的家庭当中，几乎所有孩子的妈妈都有不同程度的焦虑心理，其中有 15% 是重度焦虑，她们对孩子的事情特别上心，有些甚至在孩子上幼儿园时就在担忧如果孩子考不上高中该怎么办。她们大多睡眠不好，半夜醒来也会忧心孩子的学习。情况较好的是孩子的爸爸，他们大多不会将焦虑点放在孩子身上，认为顺其自然才能让孩子成长得更好。研究表明，女性焦虑症的发病率大概是男性的两倍。生活中，照管孩子的主力也是女性，她们承受的压力越多，所焦虑和担心的事情就会越多。

正如拿破仑所说："推动摇篮的手也是推动世界的手。"母亲对孩子的影响是深远的，不仅她的情绪会传递给孩子，而且她的心态和行为习惯也会影响孩子的处事风格。回想一下，你会发现我们现在的处事风格和习惯，很大程度上是与母亲相似的，她们在日常生活中将自己的情绪管理以及事件应急处理的方式展现在我们面前，我们在面对类似的事情时大多会如法炮制，复制她们的做法。当然，我们成为父母的那一天，同样也会将自己所擅长的交付于下一代。

爱的传承并不只有生命，还有岁月赐予的经验和技能。焦虑的母亲带出来的孩子大概率也会焦虑，这些孩子往往也处理不好压力和坏情绪。而心态积极的母亲传递给孩子的是乐观向上的心态，这样的孩子在面对生活和学习困难时往往也更能从容应对。

日本脑力开发专家七田真曾经说过："每个孩子都会成为家长

想象中的样子，积极的态度塑造出积极的孩子，而消极的态度也一定会塑造出消极的孩子。”

我一直都认为，孩子的样子就是映射家长教育的一面镜子，家庭教育得好，孩子成功的机会就大，孩子呈现在众人面前的状态就是家庭教育的结果。而作为家庭教育的主力军——母亲，她在这个过程当中起着决定性的作用。

教育是一个漫长的创造过程，过程纷繁复杂，变数和难点太多。我们面对的是宛如白纸的孩子，你给他们黑色和焦虑，他们回馈的就是黑色的水墨画；你给他们彩色和积极，他们展现的就是五彩斑斓的水彩画。因此，我们要有耐心，要学会心平气和地等待，给孩子们学习和改变的时间。特别要记住，焦虑本身对教育没有一点益处，它只会让孩子感觉到父母的不耐烦和急切，并影响孩子的心态。

嘉莉从小生活在暴躁和急切的家庭环境中，在她的印象里，爸爸和妈妈的脾气很不好，很急切，教她东西很没耐心，似乎每次都迫切要求她改变，不管是学习还是生活，他们都会严格要求，但很少会细心引导。

有时妈妈会引导她自立，要求她独立完成一些事，她虽然已经很努力了，但就是做不好，以至于妈妈会发脾气，对她使用冷暴力——不和她说话。这时她会反复问自己：“我做错了什么吗？最近我的表现很好啊，为什么妈妈还会骂我？妈妈不喜欢我了吗？”久而久之，她就变得沉默寡言，不爱与人交流，还有了轻微的社交恐惧症。

长大后，嘉莉的情况也没有好转，性格越来越敏感内向，人际关系总是处理不好。并且由于父母的关系，她对婚姻也产生了恐惧感。看来妈妈的情绪对孩子的影响太大了，大到能影响孩子未来一生的幸福。

父母的坏情绪发泄出来的一瞬间或许是爽快的，但它产生的影响却是深远的。对自己，愤怒会让身体处于不健康的状态；对孩子，愤怒会给孩子带来童年阴影，让他们没有安全感，变得胆小懦弱，更有甚者，他们会复制愤怒的处理方法，学会以暴制暴。

其实，情绪管理是一门需要长期实践的课程，家长和孩子应该一起学习并一起成长。不仅情绪管理如此，教养孩子也是一样，要把它当成一个塑造和改变的过程，也需要经历时间的锤炼。

我们更应该做的就是改变自己的心态，放松自己的心情，给孩子营造一个温馨祥和的生活环境，打造友好的亲子关系，让他们在学习和生活之余感到快乐和幸福。我想，我们努力的意义就是见证下一代的成长，参与一个生命不断成长的过程。他们在成长的同时，也赐予我们继续努力坚持的信念——为了幸福，为了快乐，也为了更美好的明天。

4

和孩子一起找到控制情绪的方法

每个人的情绪都好像是一股独特的气流，情绪平静，气流就会淡然祥和，给人如沐春风的感觉；反之，情绪波动大，经常喜怒无常，那么这股气流就会躁动不安，翻涌不止，甚至会对身边的人产生伤害。

往往有了孩子以后，我们的心变得更柔软，也更细腻了，想要给予孩子最温暖的爱，守护他们一世安稳，不想要他们受到一点伤害。但教养孩子的过程很艰辛，很考验父母的情绪管控能力，想要让情绪保持一种稳定的状态是很难的，我们需要花费大量的精力和时间去修炼，与多种多样的情绪和平共处。

同样，小学阶段的孩子在处理情绪问题上也还很不成熟，他们大多依靠模仿，父母是如何处理情绪问题的，孩子大多会用相似的方法。所以，父母如何处理情绪会影响孩子，孩子处理情绪的方式映照出的是家长的影子。

敏讷的情绪管理能力非常差，喜怒哀乐全都表露在脸上，常常因为一点小事而暴怒，在单位的人缘儿很差，也经常因为坏情绪得罪人，周围的人对她的评价很不好。她还会把单位的负面情绪带回家，稍有不顺心就会给孩子甩脸色，吓得孩子都不敢和她说话，每次她发脾气时，孩子就会离她远远的。

敏讷的孩子上小学后变得不太合群，内向又胆小，不愿主动参加学校的社交活动，就算参加了，也会因为处理不了坏情绪而被同学排斥。孩子完全复制了妈妈处理坏情绪的方式，经常通过大叫来表达不满和愤怒。老师很负责任，察觉到这个孩子的问题后，就与敏讷进行了深入沟通。

幸好孩子的班主任是心理学专业的，很擅长儿童心理学教育。她指出妈妈的情绪对孩子的影响很大。与敏讷短短的对话过程中，班主任就发现她的情绪管理水平很低，为了不影响孩子未来的发展，建议她学会管理自己的情绪，要追求情绪上一种平和的状态。

敏讷听了老师的话，焦虑不安，并且开始自责，她没有想到自己无形中给孩子带来了伤害。好在，她虽然情商低，情绪自控能力很差，但她是一个学术型选手且智商很高，学习能力强，一旦认定了，就会拼尽全力。在这里，我就要引入一个心理学名词“认知重评”。

认知重评（Cognitive Reappraisal）就是重新评价对情绪事件的理解和对情绪事件个人意义的认知。简单来讲，就是打破固定思维，重塑一下对已发生情绪的认知，以达到正能量的发展前景。这里所说的正能量方向所要求的认知重评是积极的。

积极的认知重评，强调的是“积极的”三个字，因为任何人或任何事如果与这三个字有关系，那么就会变成“山重水复疑无路，柳暗花明又一村”，阳光就在前方，用心去做就对了！

现在我们回到敏讷的案例，她就采用了积极的认知重评策略，对自己眼前的问题进行了梳理，重新估量了情绪问题产生的结果，积极地对自己进行评价，并对自己的情绪问题有了一定的认知。她承认自己情绪不稳定，情绪化太严重，轻而易举地被负面情绪控制，由此对孩子产生了负面作用。对这件事有了正确的认知后，她自责又内疚，也失落了好一阵，但她并没有陷入情绪的黑洞，而是积极地寻求解决办法。

首先她找到了孩子的班主任向她取经，学习如何与孩子相处。此外，她还看了许多关于情绪管理方面的书籍。以她过硬的智商和超强的学习能力，她渐渐地摸索出一套属于自己的情绪控制法，每当情绪失控时，她心中马上响起警铃，告诫自己停下来，并闭上眼睛深呼吸三次，当心情平静后再去做决定。

虽然这个过程很艰难，有好几次情绪还是失去了控制，但她没有放弃，想要实现对情绪的控制。好在，她的努力初见成效，孩子不再像从前那样战战兢兢了，人也开朗了许多，在学校也愿意主动和同学交流了。

班主任看到了敏讷的改变，她说：“我觉得你给人的感觉改变了，不像从前那样剑拔弩张了，变得平稳了许多。”

从敏讷的故事中我得出了一个结论，父母的情绪会影响孩子，并决定了孩子处理类似情绪问题的方式。因此，想要帮助孩子找到控制情绪的方法，前提条件就是先解决好父母的情绪问题，然后和孩子一起找到管理情绪的方法。那么，作为父母的我们应该如何帮助孩子控制情绪呢？

首先，我们要教会孩子正确面对自身的情绪，不管是正面情绪，还是负面情绪，都要对其有一种客观的认知，并进行积极的认知重评。

当负面情绪出现时，要和孩子一起面对，正视它的存在，不要害怕，也别担心，更别给孩子贴标签。别小题大做，也别大事化小，要让孩子主动面对和处理它，并对自己的情绪有一个客观的评价。

其次，用无条件的爱给孩子营造出一个和谐舒适的家庭环境，这样可以增强孩子的自信心，让他们处理情绪问题时会更主动。

孩子在有爱的环境下成长才会更加健康快乐，身为家长要修炼一种淡然平和的心态，面对生活中的不如意不要急躁，要稳下来，情绪平复后再思考如何去做，这样给孩子做好榜样，在潜移默化中影响孩子。要让孩子知道，很多问题本身不是问题，我们表现出来的情绪才是影响问题发展的关键。

其实，和孩子一起学习处理负面情绪的方法时，孩子也会成为我们的老师。

在家庭教育中，有人认为父母在孩子面前就应该无所不能，是权威的存在，其实我们可以尝试着"笨一点"。有些时候，父母适当地变弱，孩子才会有机会得到锻炼，父母"笨"一些，孩子会更聪明，动手能力也更强。

我们在处理情绪问题时不妨向孩子示弱，告诉孩子"妈妈很累，而且很难过，我该怎么办呢"。这样把问题留给孩子，让孩子主动去思考，帮助妈妈重新获得快乐。在这个过程里，我们可以和孩子探讨，共同解决棘手的问题，当我们的心情变得好起来时，孩子也会有收获，会更有成就感。将来他们遇到相似的问题时就不会束手无策，也不会陷入情绪黑洞，他们会主动思考解决问题的办法。

养育孩子这条路很艰难，我们都是在摸索中深一脚浅一脚地前进。我们努力把情绪控制好，那么孩子也会多一些快乐和温暖。只要我们和孩子共同成长，那么前方的一切问题就都不成问题了！

5

与孩子一起分享失败的收获

“失败”这个词让人感觉到暗淡无光，很难给人带来正能量的引导，似乎这个词生来就被人贴上了一个黑暗系的标签，几乎是出于本能的，我们拒绝与其和谐相处，总想将它拒之门外。可在现实生活中，失败却是如影随形，挣不脱也甩不掉，每个人或多或少都在经历它。

于是我们开始给自己灌输一些积极的信息，想要通过正能量的心理暗示掩盖住失败的状况，用“失败是成功之母”或“不经历风雨，哪能看到彩虹”之类的名言进行自我激励。当然，这样做也会产生一些积极的效果。

尽管我们想摆脱失败的影响，但依旧还是避免不了面对失败后的低落情绪。当然，我们也会把失败中隐藏着的逆商心理带到家庭教育中，我们要教会孩子的不是面对失败本身，而是应对失败后的心理感受和负面情绪。

无论是身为家长的我们，还是认知水平在不断提升的孩子，想要做到正确面对失败还是挺难的。举一个例子，我是一名作家，也帮助过很多家长和孩子走出过失败的痛苦，但当我在经历职场上的失败时，也会感到情绪低落。尤其是面对来自工作和生活中的接二连三的小失败时，更是需要耗费一定的时间和精力去平复的。或者也可以这样说，我是在不断地自我修复。成年人尚且如此，更何况是心理承受能力较弱的小孩子呢？

因此，和孩子一起面对失败，一起分析失败原因，一起走出失败，并且分享从失败中获得的经验和教训，就变得格外重要。我认为，每一个人从出生开始就在不断地学习新事物，不断地经历失败，也在不断地收获。这门“失败学”的课程是没有结业考试的，也可以说，每一次处理失败的过程就是一次考试。我们一次次尝试，又一次次总结，我们最终要教会孩子的，是要拥有面对失败的能力。

邹韵曾经在我家补过一年的英语课，她是一个很可爱的女孩儿，但缺乏自信，走路时常低着头，一点儿也开心不起来的样子。后来我知道她的手和脚天生有些问题，有点小儿麻痹后遗症，走路时会轻微跛脚，每周都要去医院做复健治疗。

我经常看到这个小姑娘站在窗边，她看着在院子里玩耍的孩子，眼神中透出渴望，看得出，她很想融入其中，想和他们一起做游戏。后来我从她妈妈那里了解到，其实她手脚的后遗症不严重，已经做了两年的复健，基本没什么问题了。但这孩子心里有个结，认定自己和别人不一样，甚至有些自卑和敏感。

刚上小学时，邹韵也和其他同学一样，愿意主动发言，愿意参加集体活动，也爱交朋友，爱和同学一起聊天。有一次上体育课，她和同学合作一起参加健美操比赛，开始时还好，但跳了几个动作后手和脚就有些不协调，最后一个趔趄摔出队伍。她的行为连累了整个团队，导致排名倒数，她也因为摔倒时太过滑稽而被其他同学嘲笑。她觉得自己很丢脸，不敢面对同学，也不愿意再和他们一起玩。

从此以后，她情绪低落，有了严重的心理负担，还敏感多疑，总觉得同学们在背后讨论她的手和脚。也因为情绪上的内耗，她上课时注意力不集中，反应变慢，也不主动回答老师的问题了。与此同时，由于她的出错率增高，学习成绩也一再下滑，经常被老师批评。她感觉自信心和自尊心被磨平了，认为自己无论做什么事情都会失败，认为自己是一个没用的人，也就没了主动做事和思考的动力。

邹韵的妈妈是一个对自己和孩子要求很高的人，在孩子出现生理上的小问题后，她每天坚持帮助女儿做康复治疗，表现得积极又乐观。但来自生活和家庭的压力迫使她出现了负面情绪，虽然只是偶尔出现，但还是传递给了孩子。她将心血和精力投注在孩子身上，希望孩子可以按照自己预期的美好样子学习和生活。可事与愿违，孩子的学习成绩不断下滑，负面情绪也增多，周围的人纷纷在指责她没有尽到做母亲的责任，她也觉得自己很失败。

有一次，我给邹韵讲解期末考试的卷子，发现她有好几道题是因为马虎而做错的，她对我说："老师，为了期末考试能考好一点，让妈妈开心一些，我已经很努力地去学了，但考试的时候太紧张了，最后还是失败了。老师，我是不是真的很没用？”

其实邹韵的学习能力还是很强的，平时小测验的分数也很高，但在重要的考试中却发挥失常。这里我们就要引入一个心理学概念了，叫“詹森效应”，是指因得失心太重而导致表现失常。

从这个案例中我们不难发现，邹韵的得失心来源于两点：**第一，她在意同学和老师的看法，想要取得好成绩，用学习成绩弥补内心的自卑；第二，她想要缓解父母的压力，不想让妈妈也成为失败者**。

我一直都认为，妈妈的情绪是可以传递给孩子的，孩子的感知能力很强，敏锐度比我们想象的要强大，尽管妈妈没有刻意表露，但孩子还是能够感知到。

根据邹韵的问题，我给她的妈妈提了几点建议：

第一，妈妈应该和孩子一起学习如何与失败友好相处。

良好的亲子关系是培养孩子自驱力的重要条件，我们与孩子应该是互相学习的。身为妈妈，我们也会失败，会感到无力，不知如何去做，但不要陷入完美妈妈的误区，我们要把自己真实的一面展现在孩子面前。我们要用实际行动告诉孩子：看，妈妈也会犯错，妈妈也失败了。接下来，我们要将自己处理难题的方式展示给孩子，让孩子看到我们是如何处理失败后的消极情绪的，又是怎样重新开始的，给孩子树立一个真实的、自己身边的榜样。

第二，每一个孩子都是独立的个体，要培养他们独立处理难题的能力，增强孩子的心理弹性，提高孩子对失败的承受能力。

“心理弹性”在心理学上的解释是：主体对外界变化了的环境

的心理以及行为上的反应状态。心理弹性越大，那么心理承受力和恢复力就越强。面对一次又一次的失败，我们最害怕的不是失败的事件本身，而是怕孩子受到打击后恢复不了，一蹶不振。妈妈对孩子不要过分保护，要引导他们独立处理和面对失败的情况，增强主动解决问题的能力。

第三，妈妈要跟孩子进行有效沟通，当孩子因为挫败感而自责或陷入消极情绪中时，一定不要让孩子独处，要及时沟通和疏导，引导他们的心态向上发展。

妈妈要引导孩子从失败中总结经验和教训，并且一起分析失败的原因，分享失败中的收获，然后将每一次的收获积累起来。

其实，当我们在面对失败时不再如临大敌，将它当作稀松平常的事，敢于放手让孩子经历失败时，孩子就能更快地提升自主解决问题的能力。而在这个过程中，孩子的判断力和分析力也将得到提升。

6

与孩子一起度过成长的叛逆期

孩子的叛逆期，对于很多家长来说，似乎是一个糟糕的时期。孩子处于这个时期，家长往往会感到苦不堪言。可如果我们换一种思维模式，就会发现叛逆期也是孩子成长的开始。

孩子在成长的过程中要经历三个叛逆期。第一个叛逆期出现在 2 ～ 3 岁，称为“宝宝叛逆期”；第二个叛逆期出现在 7 ～ 9 岁，称为“儿童叛逆期”；第三个叛逆期是“青春叛逆期”，出现在 12 ～ 18 岁。对于 7 ～ 12 岁的孩子而言，他们有可能会经历两个叛逆期。

处于叛逆期的孩子，他们的自我意识在逐渐增强，他们感到或担心外界忽略了他们独立的存在，从而通过各种方法来确定自我与外界的平等地位。他们开始追求自由和平等，渴望挣脱被管教被束缚的状态，在这个时期，会生出与父母“对着干”的思想。

让我们一起看一个小故事，这样会更好地理解孩子叛逆期的原因，以及了解应该如何去做。

儿童王国里有很多小型的直升机，仔细一看，这些直升机都是被父母背在身上的，因此儿童王国的父母也被叫作“直升机式父母”。这些父母每天背着直升机盘旋在孩子的四周，全方位监控孩子，想控制孩子的一切。当孩子遇到困难时会第一时间出现，帮助孩子解决难题；当孩子偷懒时也会及时提醒，敦促他们快点做事；当孩子犯错误时会马上纠正……在父母这样的监控下，有的孩子察觉到自己的自由被剥夺，缺乏独立感，感觉自己不想思考和判断，认为自己不被尊重，没有得到平等地对待。所以，这些孩子觉醒了，开始反抗，和“直升机式的父母”对抗，反对不合理的管教。他们也都被贴上了“叛逆”的标签，成为父母眼中的“问题儿童”。

在叛逆儿童越来越多后，一部分父母开始反省，他们将直升机从背上取下，穿上了“顾问式父母”的外套。他们开始关心孩子内心的想法和需求，增加深度沟通和交流，开始尊重孩子的选择和判断，让孩子在平等和尊重的氛围下生活和学习，给他们足够的独立空间。渐渐地，这些孩子不“叛逆”了，情绪化问题也消失不见。

后来，儿童王国里的小型直升机消失了，快乐和祥和再次回到孩子们身边。孩子更加理解父母，父母也更懂得孩子，他们一起快乐地生活着。

我们可以从这个小故事中得出一个结论，当孩子感到不舒服时，他们就会做出抵抗的反应，这是出于自我保护的本能反应。叛逆期时，孩子往往会遇强则强，家长施压或用强硬的态度压制孩子的反抗行为，那么孩子叛逆的行为往往会更加严重。叛逆期的孩子一般会朝着两个方向发展：一个方向是，这些孩子会更渴望外面自由的世界，会吵闹、有暴力倾向、不学习、逃课，甚至离家出走。还有一个方向是，孩子会更加内向，变得情绪低落、压抑，甚至出现社交障碍。

我认为，对于孩子来说，叛逆就像一次感冒。身体不舒服了，孩子就会感到害怕，他们想要通过自己的方式治好这次感冒。尽管在行为上有些不当，方法不正确，但他们是在用实际行动告诉父母：你们这样对我，我很不舒服。

叛逆，实际上是孩子向父母发出的求救信号。

我们不要放大孩子的叛逆行为，也不要忽视，任其肆意发展，要及时接收到信号，根据实际情况采取应对措施，一起和孩子度过这个特殊时期。根据小学阶段孩子叛逆的特点，我总结出以下几点方法，给各位家长提供一些参考。

首先，孩子叛逆行为的出现是亲子双方共同作用的结果，需要纠正孩子的行为，也需要家长反思自己的教育方法。

许多家长愿意用罚站、面壁等方法让孩子反思自己的叛逆行为，他们在用惩罚告诉孩子做错了，需要反省。但这种方法往往适得其反，孩子在罚站或面壁的时候会更生气，根本无法平静下来，反而会质疑家长的权威：为什么他们可以要求我做任何事，就因为他们是父母？而家长的心里一定在想：这孩子怎么这么叛逆，太难管了，不能输，一定要在气势上压倒他，维护父母的威严！

或许我们可以尝试“积极的暂停法”，来和孩子一起度过叛逆期。当孩子出现叛逆行为后，为了防止亲子双方陷入负面情绪的苦海，可以选择积极的暂停，让亲子双方在各自喜欢的地方静下心来思考，一起反思。让孩子知道，面对眼前这件看似棘手的事情他们并不是孤军奋战，父母和他们一样，都在反省，在思考。在一定程度上，父母与他们是站在同一条战线上的。

叛逆期的孩子很可爱，他们虽然还是孩子，但却自认为已经长大，是和父母一样的大人，他们渴望得到父母的尊重和重视，希望获得平等的对待。通过积极的暂停，暂时将问题放下，让双方努力地思考，各自想如何解决，这也是解决孩子叛逆问题的重要方法。

其次，利用系统脱敏法和孩子一起战胜叛逆，走出困扰期。

系统脱敏法讲究循序渐进，需要一步一步慢慢引导。叛逆期的孩子表面上很尖锐，但内心很敏感，能很快感知到周围人情绪或态度的变化。所以，第一步，就是要缓和与孩子的关系，进行有效沟通，适当的时候可以向孩子示弱，让孩子提出合理化建议。第二步，是解决眼前的难题，具体问题具体分析，在孩子不反感的情况下给予自由，定下约束机制。第三步，和孩子一起改变，引导孩子说出心底的疑惑，找到叛逆的根源。在此，家长一定要有耐心，因为这将会是一个漫长的过程。

最后，给孩子足够的空间，不过度干预孩子的独立成长，给予孩子机会去独立思考、独立做事。

孩子的叛逆期很长，度过这一时期需要我们和孩子共同努力。这个时候不要着急，也别焦虑，只要我们用对方法，耐心引导，他们一定会安稳度过，并且收获满满。

第8章

让自驱力引领孩子的未来

1

让孩子体验到追求和努力的价值

梦想是一种心里的信念，可以激发我们为之拼搏的力量，也为我们指引前行的方向。当孩子拥有了梦想，心中有了信念，想要做成一件事时，他们就愿意付出精力和汗水，会努力去追求。当然，当梦想成真，孩子的自信心便会增加，而拼搏和追逐梦想的过程也会成为孩子的正向体验。

心理学家认为，孩子在 10 岁左右正是自信心形成的关键时期。在此时形成的自信或者自卑的观念，会影响到孩子的一生。小学阶段的孩子，他们的认知水平还处于不断上升的阶段，价值观也在受各种因素的影响。因此，我们还需要在适当的时候给予他们帮助。让他们切实理解为什么要追求梦想，努力的价值究竟是什么。

那么，我们要怎么做才能让孩子懂得追求与努力的价值呢？我们可以通过理论和实践两个方面来帮助孩子体验追求和努力的价值。

理论方面，我们可以从书本上获得理论知识。比如，带领孩子一起读励志和拼搏的人物传记，了解别人努力和追求的过程，从而引发孩子的思考，体会努力和追求的价值。

非洲有一个很励志、很有意义的故事，后来被写成一本书，书的名字是《和平树》，这本书的作者是由美国著名绘本作家珍妮特·温特（Jeanette Winter）。这是一个发生在非洲肯尼亚的真实故事，故事的主人公是旺加里·马塔伊，她曾说："土地赤裸着，而我的使命是为它覆满绿色。"旺加里展示出了女性环保斗士的愿望和决心，并且用她的执着和努力感染了身边的人，使得平凡的人生具有了重要意义和价值。

故事发生在非洲的肯尼亚，在旺加里小的时候，肯尼亚绿树环绕，充满生机，树木对她来说就像一把把绿色的大伞，代表美好和幸福。

旺加里在儿童时期很自律，学习成绩优异，在学校表现得很出色，所以得到了去美国留学读书的奖金。但当她留学归来时却发现家乡变了样，曾经成荫的绿树消失了，没有人种地了，地里没有一棵庄稼，大家都靠砍伐树木赚钱，树木都被运去工地盖高楼。她没有妥协和放弃，下定决心要把绿树都种回来。她就从自家后院开始，一棵一棵地种。后来她动员身边的女人一起种树，向她们普及种树的好处、绿化的意义。她还不顾周围人和政府官员的嘲笑，坚持培育小树苗。当一棵棵绿树在她们手里成活、茁壮生长时，嘲笑和质疑的声音消失了。绿色又回到旺加里的家乡，从一棵棵到一排排，再到后来形成绿化带。理想的种子随春风吹遍了肯尼亚，越来越多的人加入种树的队伍，他们追随旺加里，在城市中也种下一排排的树木。

旺加里说："为地球疗伤是我们义不容辞的使命，在这个过程中，我们也在治愈自己。是的，我们接纳、拥抱了宇宙万物的差异、美丽和奇迹。"

在非洲，一个女人坚持自己的信念和理想是充满困难的，但旺加里面对巨大的压力坚持了下来，一直用实际行动追求自己的绿树梦，最终将一片绿色带回非洲，带回肯尼亚的土地。

多读、多看，从书中体会主人公追求和努力的过程，通过书本知识提高孩子追求和努力的意识，了解拼搏和奋斗的价值。最后我们还是要和孩子一起去实践，毕竟，实践才是检验真理的唯一标准。

那么如何通过实践来恰如其分地帮助孩子体验到追求和努力的价值呢？

首先，家长要带孩子走进书中，再从书中走出去。

朋友晓军的儿子看了《和平树》后自己也想种一棵树，因此，他们一家选择在植树节这天回奶奶家种树。晓军带孩子去市场买了两棵沙果树苗，还给孩子买了把小铲子，并由孩子自己去选种树的地方。

孩子背着小手在奶奶家的院子里来来回回走了几圈后选定了种果树的地方，然后挖坑、放沙果树苗、浇水、施肥，把树根埋好，这一系列的过程都是和爸爸一起完成的。种完两棵沙果树后，他站在小树前，很满意地擦着汗，非常开心，他尝到了劳动的喜悦，觉得自己做了一件很了不起的事。

其次，当遇到难题或困难时，要孩子学会坚持和付出，了解到做任何事都不容易。

晓军在和儿子在种树的过程中也遇到了难题，要挖两个坑，而且种树的坑要深一点，好让小树更能吸收土壤里的养分。他们父子俩各挖一个坑，但儿子挖了一半觉得好累，想要放弃，便直接把树苗放进去。这个时候父亲对儿子说："做任何一件事都是不容易的，但是开始做了，就不要半途而废，你要付出努力，这两棵沙果树才会开花结果。"他给儿子拿了一瓶水，让他休息一下再挖。

就这样，他们父子二人最终共同将两棵沙果树种好了。

在孩子追逐梦想、努力奋斗时，我们要做的不是直接帮助，而是引导，言传身教告诉孩子凡事都要坚持，用实际行动告诉他们坚持和努力的意义。

最后，结果不是最重要的，不完美也是正常的，要让孩子懂得，并不是所有努力都有好的结果，追求和努力的过程是最重要的。

尽管晓军的儿子每周都去给两棵沙果树浇水，时不时去照看它们，但一年后，其中一棵沙果树到了春天没有发芽，枝干也枯萎了。孩子很伤心地哭了，觉得努力都白费了。

这个时候晓军跟孩子说："这棵小树不适应这里的土壤，这很正常，你的努力没有白费，你精心呵护了它，它去年开花时你也很高兴。爸爸现在要告诉你，并不是所有的努力都会有你希望的结果，就像这棵小树，虽然结果不完美，但我们很享受努力和追求的过程。”

晓军的儿子摸了摸那棵小树，没有再哭下去，再看看另外一棵发着嫩芽的小树，便露出了笑容。

三年后的春天，果树又开花了，晓军的儿子每周都要求爸爸带他去奶奶家看沙果树。等秋天时，他们来到沙果树下看着枝头上的累累硕果，高兴极了。儿子让爸爸抱着摘了一颗果子，他递给奶奶说：“奶奶，这个果子给您，这也是我的劳动成果，这颗果子就是我的爱，现在我分享给您。”从这次的实践中，孩子懂得了劳动的快乐，也知道了主动做事获得的快乐，他觉得非常有意义。以后也经常去奶奶家参与家庭劳动，他越来越乐观向上了。

其实，当我们有了孩子后，都希望给予孩子最好的，在孩子遇到难题时想要第一时间帮助他们，不想让孩子受到伤害。但是，我们更应该克制自己，在孩子需要时给予适当的引导，将解决问题的主动权交给孩子，培养他们动手做事的能力，这样他们才会在一次次尝试中找到追求和努力的价值与意义。

2

尊重孩子本来就有的发展时区

不知从何时起，家长根据自己对快与慢的界定，以成人的视角来看孩子，会认为孩子太慢了，做作业非常拖沓，吃饭也慢，甚至穿衣都拖拖拉拉。而在孩子眼中，他们觉得父母太快了，在父母的时间观念里，他们永远都慢一拍，甚至就像蜗牛一样。

这个时候孩子就会产生焦虑心理，会反问自己：“我真的有那么慢吗？可是我真的跟不上爸爸和妈妈的节奏啊！他们只希望我做得快一些，他们不喜欢我了，我太笨了。”

我接触的家长朋友中，绝大多数的父母会认为自己的孩子太慢，会不由自主地催促他们快一些，再快一些。

快点吃！快点写作业！快点收拾屋子！快点走！快点做事！快点学！这个“快”字加上感叹号，语气强硬，很容易让孩子产生情绪问题，比如让他们烦躁，出现逆反心理——父母越是着急，要他们快点，他们越会更拖沓。有些孩子则会更敏感，速度虽然加快了，但那是被动的，没有丝毫主观能动性，他们还是会消极、低落，自我否定，甚至会产生自卑心理。长此以往，孩子会越来越磨蹭，也越来越缺少自驱力。

自驱力是孩子自身内部的一股力量，可以给孩子提供持续不断的动力，让孩子可以主动前进。而如果家长总是催促，打破孩子独有的节奏，破坏他们的时区，他们就只能被动前进，父母推一下，他们才走一步。

法国的儿童精神专家、心理学家克里斯汀·弗拉薇尼曾经做过一项关于打乱儿童节奏的调查。研究发现，如果孩子经常被打乱节奏，那么就会出现早熟、容易烦躁、耐性差的状况，情绪管理也很差。或者会出现截然相反的情况：一部分孩子会反应迟缓，更加磨蹭，自我压抑，对某些事物过分依赖。

很多家长和老师都经常打乱孩子的节奏，想要孩子跟着自己的节奏走，但，最后孩子失去了自我，变成了心理学意义上的“假我”，“真我”被父母或者老师替换掉了。

我们都认为孩子太慢，要求他们快些，可是快与慢之间有什么界定标准吗？我们是否应该接受孩子的学习和生活节奏呢？

同事张杰瑞在辅导孩子写作业时常被气得血压升高。他认为孩子写作业太慢，根本完成不了老师留的作业。他不明白，为什么小学二年级的老师会让孩子做手抄报，还要有创意，最后还要在班里进行展览。更让人着急的是，班级微信群里已经有家长晒作业了！他点开一看，不禁露出苦涩的微笑，毫无例外清一色的高水准，一看就是家长帮忙做的。

这哪是给学生留的作业啊，分明是给小学生家长留的！

张杰瑞起先很有耐心，本着一个慈祥的父亲该有的耐性辅导孩子写作业，可一个小时过去了，手抄报还是没有任何成果。因为孩子太磨蹭了，一会儿去窗外看看，一会儿去厕所待会儿，刚坐下 10 分钟，他又想吃水果了！总之，与作业有关的事情全都没做。

很自然，张杰瑞很生气，语气非常不好地催促孩子快点写作业，不要再磨蹭了！可孩子依旧无动于衷，过了一会儿竟然开始打瞌睡了。

张杰瑞那时的生气指数非常高，眼见时间飞逝，微信群里已经开始点名没完成的学生了。他禁不住骂了孩子，并且警告他下次如果再磨蹭，就会罚他不许吃水果！结果可想而知，他在孩子的哭声中做了一份“家长版”手抄报作业。

同事曲宁了解情况后，问张杰瑞是否研究过孩子磨蹭背后想表达的意思。很简单，当孩子磨蹭，拖拖拉拉做这做那就是不写作业时，问问孩子为什么不写作业，有什么难处，是否需要帮助。

曲宁的意见是，当孩子不写作业时，不要直线式切入，不要用“快点”加动作这样的句式，比如“快点写！这都几点了，你还磨蹭什么”，这是典型的无效式沟通。

有效的沟通呢？我们可以分成三步：**第一步，询问；第二步，分析；第三步，解决**。

于是张杰瑞下班回家后很耐心地和孩子谈了谈，询问孩子，当他不写手抄报时，心里在想些什么，问孩子为什么不写手抄报，是不会还是不想做。

孩子的回答是当时还不想做，他没想好怎么做，题目太难了，不明白什么是有创意。

这个时候，我们就会理解孩子为什么会跑到窗口往外看了，手抄报的主题是“秋”，他虽然不明白创意的意思，但他知道秋，现在就是秋天，他想要站在窗边看看外面的秋天，等孩子想明白了自然就会做了。

通过询问来了解孩子的心理动机后，接下来就需要帮孩子分析，引导孩子思考什么是创意。于是张杰瑞给孩子讲了一些关于秋天的场景，妻子看到他们父子讨论得热火朝天，便建议他们下楼感受秋天。

这个阶段就应该是解决问题了，张杰瑞带着孩子来到楼下，切实地感受秋天，看着满地的落叶，孩子突然说了一句“真美啊”。张杰瑞灵机一动，跟孩子说可以捡一些落叶回去做手抄报，这就是创意啊！孩子高兴坏了，兴奋地捡地上的叶子，一会儿说这个像一艘船，那个像一朵云，还有这个，像一辆小汽车。这一次，他和孩子一起将手抄报做完了。他帮忙贴了一片树叶当云朵，其他都是孩子自己动手做的。这份手抄报虽然不是最好看的，也不完美，甚至还有些丑，但有什么关系呢？这是孩子主动去做的就好。

所以，当孩子在磨蹭的时候，他们并不是慢，也不是懒，他们只是沉浸在自己的节奏里，他们还太小了，需要父母停下来等一等。我们要做的不是催促，也不是埋怨，更不是立即帮助，而是静下心来等待，并给孩子必要的引导。

美国有一首关于时区的诗，翻译成中文是这样的：“世上每个人，本来就有自己的发展时区。身边有些人看似走在你前面，也有人看似走在你后面，但其实每个人在自己的时区里有自己的步程。不用嫉妒或者嘲笑他们，他们都在自己的时区里，你也是。”

我们每一个人都在自己的时区里前行，孩子也是一样，他们有独属于自己的时区，有自己的节奏。或许有些孩子学得很快，有些孩子学得很慢，这都是很自然的，不要试图控制他们的时区，也不要打乱他们的节奏，一切顺应自然，以平常心对待就好。

生而为人，孩子的生命虽来源于我们，但我们却不应掌控他们的人生。我们能做的，就是在恰当的时机分离、放手，给孩子自由。

3

带孩子到大自然中去旅行

大自然是一个丰富多彩的世界，也是生动有趣的课堂。

在大自然中，孩子可以更加放松和自由，那些走进自然的孩子才会切实感受到这个世界的美好与新奇。大自然的美是无须任何华丽的辞藻描述的，也不需要刻意去强调。

著名作家龙应台曾经说过这样一段话，让我记忆犹新，也深以为然，她说："没有摸过树的皮，闻过花的香，没有走进过大自然，没有穿越过一座古城，没有在清晨逛过市场，那么，一个孩子如何能成长呢？"她这几句话非常形象地讲述了大自然对孩子成长的重要性。

生命之初，孩子的一切感悟都是从认知开始的。我们一定要带孩子去看，就站在大自然中告诉他们：瞧，树是绿的，小草是嫩黄的，白色的是玉兰花，红色的是小桃花；闻一下，花是香的，泥土带着青草味儿；摸一摸，松树的叶子有点扎人，杨树的叶子很大……身临其境地教孩子学习，就是孩子最好的认知方式，孩子的记忆也会更深刻。

我一直都认为，旅行是最佳的认知手段，看过大海，才知道“春江潮水连海平，海上明月共潮生”的美感与震撼；去过敦煌，才知晓“大漠孤烟直，长河落日圆”的壮阔与瑰丽；去漠河见过极光，才知道宇宙的神秘；从张家界回来，才意识到大自然的鬼斧神工有多壮观；切实地站在西安古城中，触摸到古时的建筑，才能感受到中国历史文化的深厚与久远。

旅行的意义在于拓宽孩子的视野和认知，给他们一个可以触碰到、切实感受到的世界，比起书本，去旅行会更有温度。

但是，很多家长不愿意带孩子去大自然中旅行，认为外面的世界充满危险，担心孩子不适应，会水土不服，也觉得耽误孩子学习的时间，时间久了，孩子会贪玩。其实，他们并不知道大自然独特的魅力，也不懂得山川河流和皑皑白雪对于孩子成长的意义。

那么，大自然究竟藏着怎样伟大的魅力呢？

其一，大自然可以净化心灵，保留孩子的童真与童趣。

理查德·杰弗里斯写过：“燕雀与黑鸟为自己收集的纯真欢乐，也为我带来了某种纯粹的快乐。”大自然确实可以给孩子带来纯粹的快乐，这种快乐温暖而美好。

朋友俊华是两个孩子的妈妈，她在孩子很小的时候就经常带孩子去亲近大自然。她认为大自然是孩子最好的老师，只有接触了真实的自然界，才会被大自然的美好征服，像小花一样向阳而生，像绿树一样挺拔俊秀。自然界孕育万物，也保留了万物最本质的东西，让孩子多接触大自然，有助于保留他们内心的真实和纯真。

她的两个孩子每次到了外面，置身在大自然中时都会很开心，会欢快地在草地上打滚，在原野里做游戏，去小溪边玩水，捉蝌蚪……无论小学的课业有多重，压力有多大，一到了大自然中，那些烦恼就都不见了。她的女儿在日记里写道："我喜欢大自然，站在大树下，闭上眼睛，深吸一口气，仿佛一切都那么美好。"

现在，虽然俊华的两个孩子都上了大学，但他们还是很怀念小的时候和妈妈一起去大自然旅行的感觉，那种纯粹的快乐，每次想起，都会觉得无比温暖，他们的心灵也因此充满正能量。

其二，大自然是科学、艺术、人文等领域的摇篮。

美学大师宗白华说过："自然始终是一切美的源泉，是一切艺术的范本。"古希腊哲学家亚里士多德也说过："一切艺术与教育，只不过是自然的附属物而已。"

法国的昆虫学家法布尔从小就沐浴在大自然的伟大魅力下，他的童年几乎是在祖父的农场中度过的。年幼的他对乡间的蝴蝶、草里的小虫、大自然里的一切生物都感兴趣，也乐于花时间观察。也正是童年时期的这段与大自然亲密接触的美好时光，激起了他研究昆虫的兴趣，他毕生致力于这项充满童真的事业，最后他的《昆虫记》流芳百世。

作家的灵感也少不了大自然的馈赠。美国作家海明威对大海有着某种执着，看到大海，一切都变得开阔起来。中国古代也有许多寓情于景的诗句，像陶渊明的"采菊东篱下，悠然见南山"，杜甫的"会当凌绝顶，一览众山小"，白居易的"几处早莺争暖树，谁家新燕啄春泥”等。带孩子走进大自然，去大自然中寻找古诗词中的景色，这也是锻炼孩子自主学习的方式，能让他们对古诗的理解更深刻。

其三，大自然可以使孩子更自由，帮助孩子发散思维，激发孩子的想象力。

大自然充满了神秘，孩子在大自然中可以激发无限的想象力和创造力。天上飘着的白云像锦缎，像白兔，又像一块大大的棉花糖。云朵上面会藏着天宫和仙女吗？为什么白云会变成乌云？乌云里的水珠是怎么形成的？闪电与打雷又是怎么回事？是有人在云朵里打架吗？

我在小的时候就非常喜欢观察大自然中的事物。我会把小草拟人化，和她说话，给她讲故事，分享快乐；我会躺在草地上看着天上的白云，想着祖母给我讲过的七仙女的故事；我也会把房屋后面的院子想象成童话里的世界，水井旁边有草莓精灵，沙果树下藏着宝藏……一切都是自由自在的，没有什么能束缚我的想象力。我想，童年时期从大自然获取的想象力一直伴随着我，一直到现在，也从未消失，这大概是我坚持写作的力量源泉吧。

后来，我又带着女儿雨桐去大自然中旅行，我相信，终有一天，她曾经看过的景色——那无垠的大海，巍峨的山脉，潺潺的溪流；那异域的风情与文化，古城的建筑与人们，最后都会沉淀下来，成为丰盈她内心的力量。

其四，大自然可以影响孩子的审美，培养孩子对美的感知力。

我相信，每一个孩子到了一定的年龄都会对美有一个概念。

我女儿雨桐在16个月时就已经知道好看的意思，当有人夸她穿裙子好看时，她会停下来用小胖手拽着裙摆，左看右看，又拽了一下上衣，抬头看着眼前的人，那表情似乎在说："看，我的上衣也好看。"

小学阶段的孩子，审美观还在不断地构建，这个时候带他们去大自然，告诉他们什么是自然之美，这对孩子日后培养审美感知力是影响很大的。大自然会对孩子的审美有着潜移默化的影响，应从小就引导孩子善于发现大自然的美。

让孩子感受自然之美，亲眼看大自然中的小草破土而出，看盛夏蔷薇绽放，看大海潮起潮落，看一群蚂蚁搬家，或看喜鹊衔枝筑巢；感受春的生机与活力，夏的繁盛与多彩，秋的静美与温和，冬的凛冽与寂寥。

大自然是无边无际的，孩子在大自然中更能体会到自由自在，更能主动地通过感官去认知和了解这个世界。在这个过程中，他们会自觉地思考、想象、行动，自驱力也会逐渐形成。

4

自驱型成长的孩子能拥有更幸福的人生

现代教育提倡让孩子自驱型成长，鼓励他们对自己的人生负责，去掌控自己的生活和学习。很多家长不是很能理解，因此有很多人对此提出疑问：一个几岁的孩子能够做出好的决策吗？

对这个问题，科学家们早在 30 年前就开始研究了，他们对 9 ～ 21 岁的孩子进行了决策能力的调查，研究表明，14 岁、18 岁和 21 岁的孩子在决策方面的得分几乎相同，9 岁孩子的得分相对而言会低一些，但他们做出的决策同样优秀正确。9 岁孩子与 18 ～ 21 岁孩子的差距在于知识储备量上。我们有理由相信，假如 9 岁的孩子与年龄大的孩子的知识储备量一致，那么他们的实验得分会很接近。

可见，在决策问题上，年龄不是问题，小学生也可以做出正确的决策。

这里我们所说的“正确”的决策并不是以我们的认知标准去评定，在我认为，孩子做出的决策只要符合他们的认知能力，能够做出当下他们能够做出的最好的决策，那就是正确的。

孩子在恰当的时机做出最适合自己成长的决策，对其未来的发展是有巨大影响的，让我们一起看一个案例。

我的高中同学小雨就是一个自驱型成长的人，她从小就对自己的未来有着清晰的规划，她要去更大的城市读书，看未知的新奇世界。她很自律，能自主学习，生活独立，能自己做决定，面临人生重要的事情时会自己做选择。小学时，她喜欢看课外书，父母给她提供了很多机会，带她去图书馆，从外面给她带喜欢的书，还会时常分享自己看书的心得。长大后，她放弃了国企安逸的工作，辞职去北京读博，现在她正在北京大学做自己的课题。

自驱型成长的她对未来的规划是清晰的，她有明确的选择，可以坚持自己热爱的事业。幼年时，她有自主学习的能力，能够对自己的生活和学习负责。成为大人后，她可以继续坚持梦想，毅然决然放弃安逸，选择一条富有挑战性的路，这都是自驱型成长带来的结果。

我相信，自驱型成长的孩子会和小雨一样，他们坚持梦想，始终认为将来某一天自己可以过上向往的生活。就算长大后他们会和许多人一样，拿着一份工资，过着普通的生活，平凡却不平庸，面对压力和烦恼，他们还有坚忍的毅力和不服输的健康心理。

自驱型成长的孩子，他们会追求更长远的目标，他们的人生和未来更有希望。

不过，能够自驱型成长的孩子还是少数，很多孩子不明白自己为什么学习和生活，找不到努力和拼搏的目标，学习和生活于他们而言或许就像生产线上的一个环节，每天都按部就班，没有快乐，甚至感觉人生都没有意义。

北京大学副教授、临床心理学博士徐凯文曾做过调查，结果显示：北大一年级的新生，包括本科生和研究生，有30.4%的学生厌恶学习，或者认为学习没有意义，还有40.4%的学生认为人生没有意义，活着没有意义。这些孩子都是大人眼中的佼佼者，是自己幸福人生的开启者，可那些大人所羡慕和期待的光环对他们来说却是灰暗的、毫无意义的。这些孩子学习成绩虽然好，但却失去了人生在世最重要的东西——快乐。

我曾经收到过一封读者来信，她写道："我的人生就像是一座孤岛，孤岛之内没有任何人能够帮我，我就是这样孤零零地生活了二十几年，我不知道人生的意义是什么，也不知道我到底为什么活着，我只是觉得没意思，做什么都提不起兴趣。可怕的是别人认为我非常成功，是孩子学习的榜样。我想说，不要学我，我很不好。"

的确，传统的应试教育催生了许多"高分低能"的孩子，他们是分数的生产机器，每天睁开眼睛的使命就是提高学习成绩，分数越高就越能得到周围人的赞许和尊重，这几乎是一个畸形的"生产过程"。其实，在一定程度上，是我们将分数放到了首位，用分数评定孩子学习的好坏。可崇尚分数最后考上北大的学子也败给了高分本身，他们失去了学习的乐趣，也找不到人生的意义。随着现代教育的改革，人们提倡让孩子全面发展，也更关注他们的身心健康。

看淡分数，我们要向著名心理学教授贺岭峰学习。他的女儿小学四年级的时候拿着一张 59 分的试卷回家，贺教授是这样跟女儿说的 :“你知道吗? 将来你长大了，到公司去工作，你的同事、你的老板，不会有任何人在乎你小学四年级的某次考试是考 59 分还是考 95 分，这件事不重要。”

我认为教育的目的不是培养出听话的孩子，不是培养出高分的孩子，教育也不是生产线，教育的最终目的是要培养出自觉主动的孩子。自驱型成长的孩子慢慢地会拥有强大的内心，并会延续到未来，等他们完成学业进入社会后，也更容易走上成功的道路，拥有幸福的人生。

5

点燃孩子的自驱力，让未来变得无限可能

每一个孩子都有某一方面的天赋，

如果没有，

只是暂时没找到打开它的开关！

这是印度电影《地球上的星星》中的台词。这部影片主要讲述了一个8岁男孩在寄宿学校的美术老师的帮助下找到快乐和绘画天赋的故事。

伊夏是众人眼中的问题儿童，学习成绩不好，在班级排名靠后，上学还经常迟到，被老师说："怎么又是你，伊夏。每天都等你一个人。"他做事还很磨蹭，总被老师批评。父亲对他的教养很没有耐心，每次他犯了错误就会扬起手打，母亲只会给他温暖的拥抱，却不能给他正确的引导。因为有阅读障碍，他被学校开除了，父母将他送去寄宿学校，在新环境下，伊夏不和任何人说话，很害怕，经常躲在角落里哭泣。

这时，美术老师尼克出现在他的生活里，经过相处和观察，

他发现了伊夏的不同，决定帮助这个孩子。尼克发现伊夏对绘画有天赋，为了让伊夏恢复自信，他在课堂上讲了一些特殊名人的故事，他们都曾被别人说成弱智，但却能用绘画和音乐弥补自己的不足。为了让伊夏对自己有信心，美术老师还举办了一场绘画比赛，伊夏在比赛中获得了第一名，当评委颁奖给他时，他获得了全校师生的掌声，伊夏也流下了感动的泪水。

每一个孩子，无论是正常的孩子，还是特殊的孩子，其实他们都有自己擅长做的事情，有着某一方面的天赋，我们可以做的就是尊重他们的天性，给他们一些时间，唤醒他们的天赋，激发出他们真正的自驱力。

孩子就像是天空中的一颗星星，在各自的领域散发着光芒，有些星星很耀眼，有些星星的光芒很微弱。正如影片中的主人公伊夏，他是别人眼中的怪孩子，学习不好，做事慢，动不动就发脾气，但他有自己擅长的事情——绘画。是寄宿学校的美术老师打开了他绘画的开关，让他在这个领域发光发热，并找到了自己未来发展的目标和方向。

每一个孩子的天赋都应该被发现、被看见，这样可以更快地唤醒他们的自驱力，也就帮他们打开了通往美好世界的快速通道。

邻居的女儿七月在小时候经常被人贴上“胆小”和“内向”的标签，一度是同学和亲戚眼中的问题儿童，她经常在走路的时候自言自语，会对着枝头的小鸟说话，看到亲戚不主动打招呼，只会低着头快速跑开。她在学校也不爱说话，下课会在座位上思考，跟同学交流时经常神游，跟不上身边人的思维。

她的学习成绩很不好，老师们对她的学习情况也很头疼，她也对学习失去了信心，认为自己会像别人说的那样将来一事无成。但这个时候，语文老师没有放弃她，很耐心地和她沟通。

语文老师发现七月在写作上有很大的天赋，每次考试写的文章都能得高分，但由于其他知识学得不扎实，作文分数再高也得不到别人的赞许。于是她多次引导七月用心学习，夯实文化课基础，将书本上的知识学透，把课本后的习题做会。

慢慢地，七月的成绩提升了一点，各科成绩都能及格了。语文老师还对她说："老师知道你喜欢写作，既然你在写作方面有天赋，那么就要坚持下去，多练习，争取写出更好的文章。"七月在老师的鼓舞下更加用功学习了，性格也活泼了一些，不再孤僻不合群，也愿意主动和其他同学说话了。

七月的文学天赋就是语文老师唤醒的，从那以后，她对学习有了自己的看法，能够自主学习了，业余时间还能坚持写作。正是日复一日的坚持，她在大二那年出版了自己的第一本书，还在母校做了宣讲，讲述自己的文学梦。她非常感激小学的语文老师，是语文老师点燃了她的文学梦，唤醒了她的自驱力，让她可以成为现在的自己。

无论是伊夏还是七月的故事，我们都能看出，唤醒一个孩子的天赋，对于培养他们学习和生活的自驱力具有多么深远的意义。对于孩子来说，关键时期，老师或父母的引导和帮助就像是春风化雨，不仅滋润了他们的内心，还赋予了他们奔向未来的信心。

其实，自驱力是孩子开启未来的一把钥匙，有了这把钥匙，孩子就打开了未来世界的大门。因为，孩子有了自驱力就等于点燃了内心的斗志，他们会更有力量和勇气去努力、去追求，去遇见更美好的自己。

我们可以用一种更直观的方式来感受自驱力对孩子的影响。同样面对一个问题，拥有自驱力的孩子想的是“可以试一试，不管结果如何，先尝试一下”；缺乏自驱力的孩子大概率会想“我可能做不好，还是问问父母吧”。面对失败，拥有自驱力的孩子会说“加油，再试一次，这没什么”；缺乏自驱力的孩子会很懊悔，沉浸在失败里，不敢再挑战。二者之间的区别很明显，最后的收获也大相径庭。

孩子成长的过程像是一个升级打怪的游戏，在一次次“升级”时，他们需要拥有一种能力。什么能力呢？那是一种面对困难可以愈战愈勇，遇到问题想办法解决，经历失败后也会重整旗鼓、从头再来的能力，是在未来可以持续接受挑战，面对人生一次又一次选择而从容不迫的能力。而自驱力，就是他们在未来不断克服困难取得成就的核心能力，只要拥有了这种能力，它将会伴随他们一生。

从此刻起，让我们一起唤醒孩子的自驱力吧！让自驱力引领他们在未来创造无限精彩的可能！

天河世纪微信公众号